L'AGONIE

DE

LA COMMUNE

ERNEST DAUDET

L'AGONIE

DE LA

COMMUNE

PARIS A FEU ET A SANG

(24-29 MAI 1871)

TROISIÈME ÉDITION

PARIS

E. LACHAUD, LIBRAIRE-ÉDITEUR

4, PLACE DU THÉATRE-FRANÇAIS, 4

1871

L'AGONIE

DE

LA COMMUNE

La Commune a vécu.

Après avoir trouvé dans la désorganisation de Paris et de la France, dans la démoralisation des âmes, la possibilité de fonder sur la terreur son règne éphémère, elle s'est effondrée sous le poids des malédictions et des haines de ceux qui l'avaient subie, sous les coups des vaillants soldats de l'armée nationale, dans le sang de ses partisans et de ses victimes.

Mais, comme une bête fauve blessée aux

flancs, et qui se sent mourir, elle a eu, durant son agonie, des désespoirs, des rages, des violences, des affolements redoutables.

Ses convulsions ont duré huit jours, pendant lesquels les hommes du 18 mars ont mis le comble à leurs crimes, par l'organisation d'une résistance insensée, à laquelle ils ont fait concourir jusqu'aux femmes et aux enfants.

On s'est battu dans tous les quartiers de Paris. Il y a bien peu de maisons qui ne portent encore les traces de la lutte. Murs crevassés ; vitres brisées ; toits effondrés ; cheminées dans les rues ; meubles en morceaux au travers des fenêtres béantes ; cadavres sur le sol ; des quartiers entiers livrés aux flammes ; des femmes, des enfants fuyant égarés parmi ces ruines embrasées ; des malheureux, réfugiés dans leurs caves, asphyxiés par la fumée, brûlés par des jets de pétrole, souffrant la faim ; de tous côtés, des cris de détresse, des chants d'orgie, des clameurs de rage ; les folies de Sardanapale, compliquées des cruautés de Néron ; l'héroïsme du soldat coudoyant l'infamie du brigand ; des prisonniers massacrés ; des réfractaires fusillés ; des innocents frappés ; des incendies s'allumant derrière nos bataillons victorieux ; les pompiers luttant à la fois contre le feu et contre les projectiles ; des pétroleurs, des pétroleuses se glissant le long des maisons, à la faveur de la nuit, pour propager leur œuvre diabolique : voilà le Paris que nous avons vu, le Paris que nous a fait la Commune.

Et qu'on ne dise pas que c'était l'effort suprême, désespéré des partisans d'une grande idée sociale ou patriotique. Sauf de rares exceptions, la plupart de ceux qui combattaient, qui versaient leur sang, ne savaient pour qui ni pour quoi on les conduisait à la mort. Les chefs étaient divisés d'intentions et d'idées. Il en est plusieurs que leur passé déshonoré rendait indignes de servir une noble cause, qui cachaient dans l'ardeur de leur parole, dans l'expression menteuse de convictions feintes, des projets odieux et sinistres. L'armée de l'émeute, placée sous leurs ordres, s'était recrutée à l'étranger autant qu'en France. On y comptait des forçats, des repris de justice, toute la tourbe misérable qui grouille dans les profondeurs des sociétés modernes.

Les soldats qui la composaient n'avaient en vue qu'une revendication matérielle, qui ne pouvait être satisfaite que par le vol, le pillage, la destruction, l'assassinat.

Des hommes en délire, des femmes marchant et agissant sous l'empire d'une sorte de frénésie démoniaque, entraînés à des excès sans nom, par je ne sais quelle exaltation malsaine que déterminaient l'abus des boissons alcooliques, l'odeur de la poudre, la vue du sang, des chairs meurtries et sanglantes, les mensonges innombrables de ceux qui présidaient à ces saturnales et cet illuminisme sauvage qui précède la mort chez les criminels, que le châtiment menace au milieu de leurs forfaits, tels sont les héros de ces journées néfastes, auxquelles aucune horreur n'aura manqué. Il faut, en effet, remonter jusqu'au meurtre de la princesse de Lamballe, jusqu'aux assassinats de septembre ou aux égorgements de la Glacière d'Avignon, pour trouver l'équivalent des actes barbares accomplis dans Paris, du 22 au 29 mai 1871.

C'est la relation de ces événements que j'ai voulu écrire avant que le souvenir n'en fût refroidi dans mon âme épouvantée. D'autres

retraceront l'histoire du règne de la Commune.
Ils expliqueront l'origine de ce formidable
mouvement, ses causes, ses conséquences.
Ils rechercheront l'étroite connexité qui existe
entre le 4 septembre et le 18 mars. Ils démon-
treront la responsabilité des personnages qui,
la menace à la bouche, réclamèrent longtemps
des armes pour tous les citoyens, sans exception; qui, ayant tenu dans leurs mains, le
31 octobre et le 22 janvier, les chefs de l'insurrection, se montrèrent insouciants et faibles
au point de ne vouloir pas les châtier, et qui,
plus tard, mis par M. de Bismark en demeure
de désarmer la garde nationale, refusèrent
énergiquement de prendre une mesure que les
événements ont rendue depuis rigoureusement
nécessaire, et qui, plus tôt exécutée, eût évité
l'effusion du sang, épargné à ce pays des désastres irréparables. Oui, d'autres étudieront
ces graves questions. Pour moi, je m'en tiens
au récit des catastrophes qu'a vues la dernière semaine du mois de mai, qui ont cou-
ronné d'une infortune sans exemple, avec
une implacabilité saisissante, avec une grandeur épique, l'histoire de nos malheurs et de
nos fautes.

1.

J'écris à la hâte, guidé dans ce défilé d'aventures lamentables par des notes prises au jour le jour, par des souvenirs personnels autant que par les diverses versions empruntées aux journaux. Je me suis efforcé d'être exact; j'ose l'affirmer sans prétendre cependant qu'aucune erreur ne s'est glissée dans mon récit.

J'ai dû passer légèrement sur les détails des opérations militaires à propos desquelles les rapports officiels manquent encore. En revanche, j'ai groupé tout ce qui était propre à donner une idée de la physionomie de Paris durant ces effroyables journées. J'ai la prétention d'avoir condensé dans ces pages fiévreuses et rapides, les premiers éléments de l'histoire définitive de la Commune, pendant la dernière semaine de son règne, à l'heure de son agonie.

I.

Il y avait deux mois quatre jours que durait le mouvement insurrectionnel de Paris et cinquante-trois jours que l'armée nationale avait commencé le siége de la Commune. Ce n'est pas ici le lieu de raconter les opérations militaires, les travaux d'investissement, les faits d'armes, les combats, grâce auxquels, en six semaines, les troupes régulières s'étaient avancées jusque sous les murs de la capitale, en refoulant devant elles les insurgés, en coupant leurs communications avec le dehors.

Vers le milieu du mois de mai, il suffisait d'examiner d'un œil attentif la situation respective des belligérants pour comprendre que cette guerre horrible touchait à son terme ; qu'elle allait se clore par l'anéantissement de la Commune.

Ce n'était plus qu'une affaire d'heures, de jours.

Hors de l'enceinte, l'insurrection avait perdu successivement les forts d'Issy, de Vanves, la plupart de ses positions avancées. Ni ces positions, ni ces forts, n'avaient pu tenir contre les batteries de Châtillon, de Meudon, formées de pièces de gros calibre ; elle en avait été chassée ou elle les avait abandonnés. Elle possédait encore les forts de Montrouge, de Bicêtre, d'Ivry ; mais le premier était le but d'un tir continu : sa reddition devenait chaque jour plus inévitable. Quant aux deux autres, ne pouvant battre utilement les positions versaillaises, ils ne devaient prendre une part sérieuse à l'action que le jour où l'assaut serait donné contre la partie de l'enceinte placée sous leurs feux. L'enceinte elle-même était, en certains endroits, très-éprouvée ; aux portes de Sèvres et de Vanves les brèches s'agrandissaient tous les jours.

Sur la rive droite, la position des fédérés était plus critique encore. De Saint-Denis à Charenton, la neutralité allemande, il est vrai, gardait et couvrait les fortifications, ce qui constituait un avantage pour les insurgés, en les préservant de toute attaque de ce côté ; mais c'était en même temps une gêne considérable pour eux, car les Allemands leur fermaient étroitement le passage, arrêtaient leurs munitions, se refusaient à laisser armer aucun des points en face desquels ils se trouvaient. Ils avaient poussé la sévérité jusqu'à exiger le désarmement du fort de Vincennes où les insurgés voulaient se retrancher en cas de défaite ; jusqu'à menacer de tirer sur toute colonne qui, soit par la force, soit par la ruse, tenterait de percer leurs lignes.

L'action militaire s'était donc concentrée, en raison même de l'occupation, de la porte d'Asnières à la porte du Point-du-Jour. Là, les fédérés avaient conservé longtemps, avec des fortunes diverses, leurs positions avancées : à Sèvres, à Boulogne, dans le bois, à Neuilly, à Asnières, à Colombes, à Gennevilliers. Mais peu à peu ils avaient été refoulés ; on avait pu suivre les progrès lents mais sûrs de l'armée nationale.

A partir de la fin d'avril, ces progrès s'accentuèrent, se précipitèrent; les événements entraient — cela était clair — dans une période décisive.

L'effectif de l'armée assiégeante, formée sous l'inspiration de M. Thiers, par les soins et les efforts du général Valazé, sous-secrétaire d'Etat au département de la guerre, venait d'être portée à cent cinquante mille hommes.

Admirablement équipée, bien pourvue d'artillerie, bien servie par l'intendance qui se réorganisait, en tenant compte des dures leçons qu'elle avait reçues dans la guerre contre l'Allemagne ; commandée par des chefs que les éclatants désastres de 1870 avaient révélés comme des hommes d'énergie, d'honneur, supérieurs à la mauvaise fortune, capables de la subir, de la rendre glorieuse, l'armée dont le maréchal de Mac-Mahon avait la direction suprême, était à la hauteur des tâches les plus périlleuses.

Fortifiée, retrempée dans les malheurs mêmes de la patrie, elle brûlait du désir de prouver à la France qu'elle ne pactisait pas avec l'insurrection, qu'elle ne méritait ni le mépris ni les accusations qu'avait justifiés le 18 mars, la lâcheté, la désertion de quelques misérables. Elle voulait aussi montrer à l'Europe que, en dépit de désastres incomparables, elle n'avait rien perdu de son esprit de discipline ni de sa bravoure légendaire.

Cette armée était divisée en cinq corps, que commandaient les généraux de Ladmirault, de Cissey, du Barrail, Douay, Clinchant. Le général Vinoy commandait la réserve. Le choix de ces officiers, œuvre de M. Thiers et du maréchal de Mac-Mahon, était uniquement justifié par le passé de chacun d'eux. Durant la dernière guerre, les noms de Douay, de Cissey, de Ladmirault avaient maintes fois éveillé en Europe une sympathique attention. Quant au général Clinchant, dans lequel ceux qui le connaissent se plaisent à saluer une des futures gloires militaires de la France, il était tout à coup devenu célèbre par la manière dont il avait dirigé l'armée de l'Est, et couvert sa retraite vers la Suisse, après qu'il eut reçu le commandement des mains de Bourbaki, dans les dramatiques circonstances que personne n'a oubliées.

C'est ainsi constituée que cette armée entrait en ligne dès la fin d'avril, et permettait de précipiter les opérations.

En même temps, on construisait à Montretout une batterie formidable, à deux étages, laquelle comptait quatre-vingts pièces de marine du plus gros calibre. Elle devait battre la rive droite entre Auteuil et la Porte-Maillot, dans le quadruple but d'obliger les insurgés à se retirer derrière leurs murailles, de les mettre dans l'impossibilité d'élever de nouvelles défenses dans l'intérieur de l'enceinte, de permettre aux Versaillais d'installer sur divers points désignés les batteries de brèche, enfin de protéger les travailleurs employés à creuser, à travers le bois de Boulogne, les tranchées qui devaient conduire les assaillants jusque sous le rempart.

Ce but ne tarda pas à être atteint.

Dès le 16 mai, les fédérés étaient refoulés dans Paris ; les lignes des assiégeants se resserraient autour d'eux, les étreignant vigoureusement. Les troupes de Versailles, répandues dans le bois de Boulogne, protégées par les feux de Montretout, battaient en brèche le rempart, réduisaient au silence les pièces qui le défendaient, s'approchaient sous des chemins couverts jusqu'au fossé, entre la Porte-Maillot et la porte de la Muette.

Tout se préparait pour l'assaut, et l'Europe suivait avec un sympathique intérêt l'ensemble de ces opérations dont l'issue n'était plus douteuse ; qui, par la manière qu'elles avaient été conçues, qu'elles étaient conduites, révélaient chez leurs auteurs des qualités militaires de premier ordre.

Pendant ce temps, que faisait la Commune ?

Déjà, et antérieurement aux succès décisifs de l'armée de Versailles, le Comité central de la garde nationale, auteur de la révolution du 18 mars, resté puissant dans Paris, s'était ému de quelques revers soigneusement cachés à la population. L'évacuation forcée du fort d'Issy, l'incident Rossel, les révélations de ce dernier, décidèrent le Comité central à faire acte d'autorité. Par la présence de plusieurs de ses membres dans la Commune, il lui était facile de ressaisir l'influence qu'il avait un moment abandonnée à celle-ci. Il lui déclara qu'elle se montrait inférieure à sa tâche. Il reprit la direction des affaires militaires, quelques efforts qu'elle tentât pour s'y opposer. Il consentit à ce que le citoyen Delescluze fût nommé délégué à la Guerre. Toutefois, il le plaça sous le contrôle du Comité de salut public, dont les cinq membres appartenaient à la fédération de la garde nationale.

Les fanatiques, les outranciers — on appelait ainsi ceux qui voulaient résister jusqu'à la mort — reprirent confiance. Mais cette confiance ne tarda pas à se dissiper. A l'évacuation du fort d'Issy succéda l'évacuation du fort de Vanves. Il devint clair que Montrouge, Bicêtre, Ivry, les Hautes-Bruyères étaient condamnés au même sort. Puis, la formidable batterie de Montretout ouvrit ses feux. Ce fut alors l'écrasement de tous côtés. Les positions de la rive droite durent être abandonnées, même Neuilly, même Levallois. Les remparts devinrent intenables ; sur aucun point on ne put élever une batterie qu'elle ne fût aussitôt le point de mire des boulets versaillais qui la démontaient dans l'espace de quelques heures. Successivement, les feux des fédérés s'arrêtèrent. Les chaloupes-canonnières elles-mêmes, sur lesquelles on avait fondé les plus fermes espérances, furent coulées à fond, mises hors de service. Du 16 au 21 mai, les canons de l'insurrection ne tirèrent plus qu'avec une faiblesse qui préludait à sa fin prochaine.

Vainement, le Comité, la Commune, s'efforçaient d'illusionner la population ; vainement, ils mettaient les revers au compte de l'incapacité, du mauvais vouloir, de la trahison ; vainement, après avoir emprisonné Cluseret, poursuivi Rossel, ils doutaient de la bonne foi de Dombrowski, le menaçaient de le décréter d'accusation, arrêtaient un certain nombre de chefs de bataillon placés sous ses ordre, la défiance subsistait parmi la grande majorité des gardes nationaux, dont le nombre, d'ailleurs, diminuait tous les jours. Il diminuait autant par suite de leurs échecs successifs, qui avaient étendu sur le champ de bataille beaucoup d'entre eux morts ou blessés, laissé aux mains des Versaillais jusqu'à dix mille prisonniers, que parce que les désertions devenaient chaque jour plus fréquentes.

Les tableaux de la garde nationale, publiés dans le *Journal officiel* de la Commune, donnent, à cette époque, un chiffre d'environ quatre-vingt-dix mille gardes nationaux sédentaires et de quatre-vingt-cinq mille gardes nationaux de marche.

Mais, dès la fin d'avril, il n'y avait plus qu'une seule espèce de bataillons ; ils étaient recrutés dans les quartiers populeux, parmi des hommes de tout âge, partisans de la Commune, moitié par conviction, moitié par force ou par la nécessité de vivre.

Les uns, ceux qu'on tenait pour les plus dévoués, formés d'individus à cheveux grisonnants ou de jeunes gens n'ayant pas dix-neuf ans, étaient chargés de la garde des édifices où siégeaient la Commune et ses délégués ; des poudrières, des prisons, des visites domiciliaires, des perquisitions dans les églises, les couvents, les administrations publiques, de l'arrestation des réfractaires et des suspects. Les autres formaient le total réel des combattants, lequel ne dépassait pas cinquante mille hommes. S'il devint plus considérable lorsque les troupes furent entrées dans Paris, c'est que, à ce moment, la Commune fit concourir à sa défense les bataillons employés jusqu'alors au service intérieur.

Cette insuffisance de l'effectif des combattants inquiétait la Commune et le Comité. C'est ce qui explique les rigoureuses mesures qui furent appliquées dans plusieurs arrondissements pour arrêter les réfractaires, pour les obliger à servir. Le délégué à la Guerre s'efforçait de suppléer à cette insuffisance, en exaltant, par tous les moyens, l'ardeur, le dévouement des combattants. Il fut décidé qu'ils recevraient une solde supplémentaire, des doubles rations.

On les trompait sur la situation véritable de chacun des belligérants. On leur déclarait, un jour, que dix-sept mitrailleuses avaient couché sur la terre trois mille Versaillais ; un autre jour, que ceux-ci étaient chassés des positions qu'ils occupaient la veille. On leur faisait croire encore que M. Thiers pactisait avec les ennemis de la République, qu'il avait donné la main à une restauration monarchique, que les troupes refusaient de le suivre dans ces coupables menées, passaient peu à peu à la Commune. Les journaux dévoués à celle-ci faisaient chorus dans ce concert de mensonges quotidiens.

Bien que tant d'affirmations erronées trouvassent beaucoup de crédules, les rangs de l'armée communale s'éclaircissaient cependant. Elle était, en outre, affaiblie, rongée par l'abus du militarisme, lequel se traduisait par une folle exhibition d'uniformes fantaisistes, la manie du commandement, de telle sorte que, comme au Mexique, on commençait à compter dans les troupes fédérées autant d'officiers que de soldats. Tout le monde voulait donner des ordres ; personne n'était disposé à en recevoir. Les munitions se gaspillaient follement. L'ivrognerie faisait des victimes sans nombre. Les chefs les plus élevés donnaient eux-mêmes l'exemple de la débauche, de la défiance mutuelle, ne songeaient qu'à se faire arrêter les uns les autres.

La lettre du colonel Rossel avait révélé la profondeur de ces diverses plaies. L'existence en fut encore constatée dans la proclamation suivante de Delescluze, publiée le 21 mai, au moment même où la Commune sentait son pouvoir s'effondrer de toutes parts.

AU PEUPLE DE PARIS,
A LA GARDE NATIONALE.

« Citoyens,

« Assez de militarisme, plus d'états-majors galonnés et dorés sur toutes les coutures !

« Place au peuple, aux combattants, aux bras nus ! L'heure de la guerre révolutionnaire a sonné.

« Le peuple ne connaît rien aux manœuvres savantes, mais quand il a un fusil à la main, du pavé sous les pieds, il ne craint pas tous les stratégistes de l'école monarchiste.

« Aux armes ! citoyens, aux armes ! Il s'agit, vous le savez, de vaincre ou de tomber dans les mains impitoyables des réactionnaires et des cléricaux de Versailles, de ces misérables qui ont, de parti pris, livré la France aux Prussiens, et qui nous font payer la rançon de leur trahison !

« Si vous voulez que le sang généreux qui a coulé comme de l'eau depuis six semaines ne soit pas infécond, si vous voulez vivre libres dans la France libre et égalitaire, si vous voulez épargner à vos enfants et vos douleurs et vos misères, vous vous lèverez comme un seul homme, et devant votre formidable résistance, l'ennemi, qui se flatte de vous remettre au joug, en sera pour la honte des crimes inutiles dont il s'est souillé depuis deux mois.

« Citoyens, vos mandataires combattront et mourront avec vous, s'il le faut ; mais, au nom de cette glorieuse France, mère de toutes les révolutions populaires, foyer permanent des idées de justice et de solidarité qui doivent être et qui seront les lois du monde, marchez à l'ennemi, et que votre énergie révolutionnaire lui montre qu'on peut vendre Paris, mais qu'on ne peut ni le livrer ni le vaincre.

« La Commune compte sur vous, comptez sur la Commune !

« *Le délégué civil à la guerre,*

« Ch. Delescluze. »

Le Comité de salut public,

Ant. Arnaud, Billioray, E. Eudes,
F. Gambon, G. Ranvier.

C'était le cri désespéré de l'insurrection aux abois.
A Versailles on n'ignorait rien de ces choses.
Les intelligences du gouvernement dans le sein de la Commune étaient nombreuses, faciles. Plusieurs

officiers de la garde nationale, dévoués à la cause de
l'ordre comme à la République, étaient restés volon-
tairement, avec l'assentiment de M. Thiers, parmi les
insurgés, pour les contenir, les épier, et au besoin les
diriger. Des agents secrets s'étaient mis en relation
avec plusieurs des hommes de l'émeute parmi lesquels
la trahison était fréquente. Ils rapportaient quotidiennement à Versailles des impressions, des récits qui
permettaient de suivre, pas à pas, les chefs fédérés
dans leur marche fatale vers l'abîme et de les y pousser plus vite.

On avait encore des indices certains par les prisonniers. Il en arrivait chaque jour de nombreux convois
à Versailles. Il faut avoir assisté à l'interrogatoire
qu'on leur faisait subir, pour comprendre comment
naissent, se soutiennent, meurent les émeutes ; pour
apprécier combien les bandits qui ont pris à tâche
d'ameuter le peuple, doivent de recrues à l'ignorance,
pour se rendre compte de tout le parti qu'on peut tirer
des mauvaises passions de la foule crédule ; pour
mesurer l'énormité des mensonges à l'aide desquels
on la soulève, du crime abominable de ceux qui l'ex-
ploitent à leur profit ; pour apprendre enfin à
devenir miséricordieux aux misérables qui obéissent,
impitoyables aux meneurs qui commandent.

Ces malheureux arrivaient à Versailles, avec la cer-
titude qu'ils seraient fusillés, après un interrogatoire
sommaire. La Commune leur avait dit que le gouvernement de Versailles passait par les armes tous les
prisonniers, même les femmes. Quelques-unes de
celles qui avaient été prises à côté de leur amant ou de

leur mari, ne comparaissaient devant le commissaire chargé de les interroger, que tremblantes, accablées, se refusant à croire qu'elles auraient la vie sauve. On les rassurait ; on rassurait également les gardes nationaux lorsqu'ils n'étaient ni étrangers ni repris de justice, mais simplement des incrédules, des égarés. Grâce à une bonne parole, on obtenait d'eux des aveux précieux sur les faits et gestes de la Commune. Parmi ces pauvres diables, la dénonciation se pratiquait sur une grande échelle ; le récit de leurs infortunes était ordinairement émaillé des révélations les plus utiles, les plus inattendues.

Enfin, des renseignements parvenaient encore à Versailles par les estafettes de l'Hôtel de Ville. Il n'était pas rare que ces cavaliers, chargés de porter sur divers points de Paris les ordres du gouvernement insurrectionnel, ne vinssent se livrer eux et leurs dépêches aux avant-postes, ne demandant pour prix du service qu'ils avaient rendu que la liberté sauve ou le droit de combattre ceux qui les avaient contraints à prendre fait et cause pour l'insurrection.

On connaissait donc à Versailles l'état désespéré de la Commune. Les opérations militaires étaient conduites parallèlement à ses échecs successifs, de façon à lui porter le dernier coup, le jour où elle serait affaiblie, brisée, au point de ne pouvoir plus opposer aucune résistance à l'armée de l'ordre.

Telle était la situation respective des partis que des circonstances imprévues avaient placés en présence, lorsque se produisit l'incident qui devait la dénouer et en hâter la fin.

II.

Le 21 mai, vers deux heures de l'après-midi, le capitaine de frégate, Trèves, commandant la tranchée en voie de construction dans le bois de Boulogne, aux abords de la porte de Saint-Cloud, vit un individu s'avancer sur le rempart, au bastion 62, sous une grêle d'obus, de boulets et de balles, en agitant un mouchoir blanc. M. Trèves s'approcha autant qu'il le put, de façon à ce que la voix du parlementaire arrivât jusqu'à lui. Ce dernier disait que le rempart en cet endroit était abandonné, qu'on pouvait avancer sans crainte.

— Je me nomme Ducatel, ajoutait-il, je suis piqueur des ponts et chaussées ; j'ai été soldat. J'assure que l'entrée de Paris vous est facile en ce moment, et ma personne que je vais vous livrer vous sera le garant de la vérité de mes paroles.

En même temps, afin de prouver que le passage était possible, M. Ducatel descendait parmi les décombres de la porte en ruines, se dirigeait sur l'un des supports du pont-levis vers le commandant Trèves qui l'attendait de l'autre côté du fossé. Comme il y arrivait, plusieurs coups de fusil furent tirés sur lui par des fédérés cachés dans les maisons d'Auteuil. Aucun ne l'atteignit.

Il assura de nouveau au commandant que, sur une assez grande étendue, le rempart était à peu près abandonné, les feux de Montretout l'ayant rendu intenable ; qu'on aurait facilement raison des insurgés qui résistaient encore sur ce pont, qu'il fallait se hâter de profiter des circonstances, dans la crainte d'un retour des fuyards.

M. Trèves, suivi de M. Ducatel, d'un ingénieur, M. Clément, d'un sous-lieutenant d'artillerie, M. de Flandre, et de quelques hommes résolus, s'élança sur la fragile passerelle, arriva sans accident de l'autre côté du rempart, entrant ainsi le premier dans Paris, comme il était entré le premier dans le fort de Vanves, peu de jours auparavant.

Quelques insurgés qui s'y trouvaient encore s'empressèrent de fuir. Cinq minutes plus tard, le drapeau blanc planté sur le bastion 62 arrêtait les feux de Montretout et du Mont-Valérien ; des fusiliers marins prenaient possession de la porte, coupaient les fils télégraphiques qu'on supposait correspondre avec des torpilles ; des estafettes allaient apporter la nouvelle à Versailles ; plusieurs régiments appartenant au 4e corps entraient à leur tour, s'avançaient en enlevant à la baïonnette cinq barricades peu ou mal défendues, jusqu'au viaduc d'Auteuil, de là jusqu'au pont de Grenelle, et d'un autre côté, par Auteuil, jusque dans les rues de Passy où ils s'installaient fortement.

Le maréchal de Mac-Mahon bientôt prévenu de l'heureux événement, portait son quartier général à Billancourt, d'où devaient partir durant la nuit, quand toutes les troupes seraient massées sous sa main, des ordres pour les opérations ultérieures. Le commandant en chef ne voulait rien livrer au hasard. Depuis longtemps, un plan avait été arrêté pour le jour où on entrerait dans

Paris. C'est l'exécution de ce plan longtemps étudié, sagement conçu, qu'il s'agissait de mener à bonne fin.

Jusqu'à une heure avancée de la soirée, des régiments d'infanterie, de cavalerie, plusieurs batteries d'artillerie entrèrent dans Paris, traversant les rues d'Auteuil, dont le spectacle impressionnait douloureusement les âmes. De maisons à cinq étages, il restait à peine un pan de mur ; de la villa Montmorency, il ne restait rien qu'un tas de pierres calcinées. Sur la place d'Auteuil, tout était détruit, renversé, à l'exception du viaduc dont les parapets se profilaient à l'horizon, découpés par les boulets comme des cartes de géographie. Le pont en tôle pendait au-dessus des piles, ainsi qu'un drap jeté sur des cadavres. La gare était effondrée ; sa toiture descendait jusqu'au bas des talus. Les cabarets épars autour de la place gisaient à terre, pulvérisés. De ce qui fut Auteuil, il n'y avait plus que des amas informes, bons à emporter dans des tombereaux.

Les troupes s'avançaient lentement parmi ces ruines, dans la crainte d'en hâter l'éboulement en les ébranlant. Faisant le coup de feu sans ralentir leur marche, elles refoulaient devant elles les insurgés qui tenaient encore. Un grand nombre payèrent de leur vie leur folle résistance à laquelle les poussait l'ivresse dans laquelle ils étaient plongés. Plusieurs heures après le combat, leurs cadavres étaient encore étendus à la place où ils étaient tombés, abandonnés par leurs compagnons. C'est seulement le lendemain matin qu'on les releva pour aller les inhumer dans le plus prochain cimetière. Ces hommes appartenaient presque tous au corps des *Vengeurs de Flourens*.

A dix heures du soir, sur la ligne des quais, dans les rues d'Auteuil, jusqu'aux abords de Passy, l'armée française, solidement appuyée, attendait l'arme au pied l'ordre de marcher en avant.

Ainsi, l'entrée s'était heureusement accomplie plus tôt qu'on ne pouvait l'espérer, grâce à la courageuse audace d'un bon citoyen qui fut sur le point de payer de sa vie son dévouement. Dans une lettre adressée aux journaux, tout le monde a pu lire qu'après avoir introduit dans Paris le commandant Trèves, M. Ducatel fut prié de guider dans le quartier de Passy la colonne du général Vergé. A la barricade de la rue Guillou, il alla seul parlementer avec les insurgés qui offraient de se rendre ; mais, arrivé là, il reçut un coup de baïonnette, fut entraîné à l'École-Militaire et condamné à mort par une cour martiale qui y siégeait en permanence ; il n'échappa à l'exécution que grâce à l'arrivée de nos troupes, au Trocadéro, à deux heures du matin.

A minuit, le mouvement en avant qui s'était un moment interrompu pour laisser aux troupes quelques instants de repos, fut repris sur toute la ligne.

A deux heures du matin, le général Douay occupait le Trocadéro ; vers quatre heures, ses soldats enlevaient après un court combat le château de la Muette, faisaient environ six cents prisonniers, s'avançaient dans la direction de la Porte-Maillot pour donner la main au général Clinchant qui avait forcé l'enceinte de ce côté et commencé le mouvement qui, par le faubourg Saint-Honoré, le boulevard Malesherbes, l'église Saint-Augustin, la gare Saint-Lazare, devait lui permettre d'arriver dans le milieu de la journée jusqu'au nouvel

Opéra, en évitant les grandes avenues où s'élevaient des barricades, en prenant à revers les formidables défenses qui couvraient les approches de l'Arc-de-Triomphe.

Dès l'aube, le drapeau tricolore flottait sur le glorieux monument. Nous n'avions à déplorer que des pertes minimes. C'était le premier fruit du sytème qui allait être appliqué durant ces meurtrières journées, lequel consistait à n'attaquer de front aucune des barricades élevées par les insurgés dans le but de former derrière le rempart une nouvelle ligne de défense, mais à les prendre toutes à revers.

Tandis que ces mouvements s'opéraient heureusement sur la rive droite de la Seine, les forces massées sur la rive gauche ne restaient pas inactives. Il était écrit que durant cette nuit, l'insurrection serait attaquée par tous les côtés à la fois.

A deux heures, la division Susbielle du corps Cissey entrait par la porte de Vanves, par la brèche ouverte de ce côté, s'étendait immédiatement à droite pour aller ouvrir les portes d'Issy et de Vaugirard aux divisions Lacretelle et Lavassor-Sorval, appartenant au même corps.

Toutes ces troupes ayant forcé le passage se formaient en colonnes, marchaient vers l'École-Militaire qu'elles enlevaient aux insurgés, presque sans coup férir. Puis, tandis qu'elles se fortifiaient au Champ-de-Mars, à l'esplanade des Invalides, à la gare Montparnasse, la division Bruat, appartenant au corps de réserve, s'emparait du Ministère des affaires étrangères et du Corps législatif. Il avait été convenu qu'on resterait dans ces positions durant vingt-quatre heures, afin de laisser aux troupes qui opéraient sur la rive droite le temps de mener à bonne fin leurs divers mouvements.

Il était alors huit heures du matin.

La population de Paris qui, durant toute la nuit, avait entendu le grondement du canon, le crépitement de la fusillade, s'éveillait, apprenait avec une joyeuse surprise que l'armée de Versailles avait forcé les portes. La nouvelle, comme une traînée de poudre, se propageait jusque dans les quartiers les plus éloignés de l'action, les plus dévoués à la Commune. Mais elle était démentie aussitôt par un redoublement de rigueur et d'arbitraire, par l'arrestation immédiate de ceux qui osaient la répandre, par l'avis suivant rédigé dans la soirée de la veille, et qu'on affichait encore dans la matinée du 22 mai sur les murs des quartiers que l'armée régulière n'occupait pas :

« L'observatoire de l'Arc-de-Triomphe nie l'entrée des Versaillais ; du moins il n'y voit rien qui y ressemble.

« Le commandant Renard, de la section, vient de quitter mon cabinet, et affirme qu'il n'y a eu qu'une panique, et que la porte d'Auteuil n'a pas été forcée; que si quelques Versaillais se sont présentés, ils ont été repoussés.

« J'ai envoyé chercher onze bataillons de renfort par autant d'officiers d'état-major qui ne doivent les quitter qu'après les avoir conduits au poste qu'ils doivent occuper.

« DELESCLUZE. »

En affirmant que l'observatoire de l'Arc-de-Triomphe niait l'entrée des Versaillais, le citoyen Delescluze continuait à pratiquer un système inauguré par la Commune et le Comité central, depuis le commencement des opérations militaires. Loin de nier l'entrée des Versaillais, le commandant Renard était venu, désespéré, apporter la nouvelle au Ministère de la guerre, en constatant que les gardes nationaux ne tenaient pas devant les soldats, et que ceux-ci avaient, déjà fait un grand nombre de prisonniers à Auteuil, à la Muette. Ce fut pour la Commune comme un coup de foudre, non que ses espérances eussent attendu jusque-là pour s'évanouir, mais parce qu'elle comptait sur une plus longue durée de son pouvoir.

Vers le 15 mai, un membre du Comité de salut public, Billioray, avait mandé notre confrère M. Jules Amigues, l'un des délégués de l'Union des chambres syndicales qui s'était longtemps et vainement entremis pour faire naître une entente entre Versailles et Paris.

— Croyez-vous, lui dit-il brusquement, que M. Thiers serait encore disposé à ouvrir des négociations sur le pied des conditions que la Commune a refusées, il y a un mois ?

M. Amigues objecta que, depuis cette époque, la situation des fédérés était devenue telle, qu'on pouvait prédire presque à coup sûr leur défaite à courte échéance ; qu'il n'y avait pas lieu d'espérer que M. Thiers, ayant une victoire quasi-assurée, fût disposé à l'indulgence ni à la conciliation, que probablement il exigerait une soumission pure et simple.

2.

— Hélas ! murmura Billioray, j'aurais bien mieux fait de rester dans mon coin et de ne me mêler de rien. Il ne nous reste qu'à résister jusqu'à la mort.

M. Jules Amigues crut devoir, par acquit de conscience, faire connaître à Versailles l'entretien qu'il avait eu avec le délégué du Comité de salut public. Mais, ainsi qu'il l'avait pressenti, il lui fut répondu que l'heure des arrangements était passée.

Ce trait, que nous tenons de M. Jules Amigues lui-même, prouve que la Commune nourrissait le pressentiment de sa défaite, mais qu'elle avait compté sur une résistance plus longue de ses soldats aux portes de Paris. Elle espérait avoir le temps d'organiser entièrement sur tous les points de la ville la défense à laquelle elle s'était résolue, défense qui, dans ses projets, devait être poussée jusqu'à la destruction de Paris, de façon à ce qu'il n'y eût ni vainqueurs, ni vaincus, mais seulement des victimes enfouies sous les décombres de la malheureuse ville. La brusque entrée des Versaillais, dans la soirée du 21 mai, venait déjouer ces plans.

Il y eut alors parmi les chefs de l'insurrection un grand trouble que trahissent divers épisodes connus depuis, auquel succéda la résolution de vaincre ou de mourir.

On raconte que, à ce moment, divers des personnages les plus compromis songèrent à fuir; que les uns réussirent à quitter Paris; que les autres, après avoir vainement tenté de sortir, en traversant les lignes prussiennes, revinrent pour prendre part, en désespérés, à l'effort suprême, poussés à cet extrême parti

par l'impossibilité même de se soustraire aux conséquences de leur politique.

Quoi qu'il en soit, la Commune était réunie, dès le
matin à l'Hôtel de Ville. Comprenant la nécessité, en
présence des périls nouveaux qui venaient de surgir,
de mettre à la disposition du Comité de salut public
des chefs habiles, des hommes déterminés, elle prenait
diverses dispositions propres à faciliter ce résultat.

Parmi ceux sur lesquels elle comptait, en ces mo-
ments critiques, se trouvait le général Cluseret. Il
avait été arrêté un mois avant et était détenu à l'Hôtel
de Ville. Les griefs qui avaient motivé son incarcéra-
tion commençaient à s'oublier. On ne demandait qu'à
pouvoir le déclarer innocent, afin de lui confier un
commandement. Il fut mandé à la barre de la Commune, interrogé, sommé de s'expliquer sur les faits
relevés à sa charge.

On l'accusait d'avoir, par son imprévoyance et sa
négligence, causé la chute du fort d'Issy; d'avoir, sans
l'autorisation de la Commune, entamé directement
avec l'état-major prussien des pourparlers ayant pour
objet la mise en liberté de l'archevêque de Paris;
d'avoir eu des intelligences avec les princes d'Orléans
par l'intermédiaire de Ledru-Rollin; d'avoir nourri
l'intention de livrer Paris aux Versaillais, moyennant
une somme de trois millions; enfin, d'avoir arrêté la
fabrication des bombes à pétrole, ce qui obligeait, dans
le cas où il deviendrait nécessaire d'allumer des incendies, à se servir d'allumettes chimiques, procédé lent
et insuffisant.

A ces accusations, Cluseret opposa les dénégations

les plus énergiques. Sa défense dut convaincre ses juges, car, au sortir de cette séance, il était chargé par le Comité de salut public de la défense de Montmartre. On confiait en même temps la défense de Belleville et de la Villette à Dombrowski et à La Cécilia. Ces trois points étaient désignés pour devenir le camp retranché de l'insurrection.

Les assertions qui précèdent sont confirmées d'abord par une relation du *Journal officiel* de la Commune, — dernier numéro, publié le 23 mai, — qui constate la présence à la barricade de la barrière Blanche, dans la nuit du lundi au mardi, du général Cluseret et de son aide de camp, Eugène Vermesch, dit le *Père Duchêne ;* ensuite, par la lettre suivante que Delescluze adressait à Dombrowski dans la soirée du 21 mai :

« Citoyen,

« J'apprends que les ordres donnés pour la construc- « tion des barricades sont contradictoires.

« Veillez à ce que ce fait ne se reproduise plus.

« Faites sauter ou incendier les maisons qui gênent « votre système de défense. Les barricades ne doivent « pas être attaquables par les maisons.

« Les défenseurs de la Commune ne doivent manquer « de rien ; donnez aux nécessiteux les effets que con- « tiendront les maisons à démolir.

« Faites d'ailleurs toutes les réquisitions nécessaires.

« Paris, 2 prairial an 79.

« DELESCLUZE, A. BILLIORAY. »

A la suite de ces diverses décisions, la Commune se

sépara. Ses membres devaient se rendre dans leur arrondissement respectif afin d'y organiser, d'y surveiller la défense, et, en cas de défaite, se rallier à la mairie de Belleville pour s'y concerter sur les mesures suprêmes à prendre. Nous raconterons plus tard quel fut le sort de chacun d'eux, les crimes qu'ils eurent encore le temps de commettre avant d'être dans la nécessité de s'avouer vaincus.

Le Comité de salut public et le citoyen Delescluze, délégué à la Guerre, s'étaient déclarés en permanence à l'Hôtel de Ville, où ils restèrent jusqu'au lendemain soir, 23 mai.

Le palais municipal était barricadé, crénelé, gardé par les canons comme une forteresse. Les plus farouches, les plus énergiques partisans de la Commune s'y étaient donné rendez-vous. Les gardes nationaux, officiers et soldats, allaient et venaient, se croisaient avec les estafettes. Dans les couloirs, dans les cours, on buvait, on mangeait, on chantait. Des gardes dormaient sur la paille ; des femmes causaient, riaient bruyamment autour d'eux. Il arrivait à tout instant des citoyens, des citoyennes venant réclamer des vivres, des munitions, des armes, des ordres, venant apporter un suprême conseil. On pouvait, sans difficulté, parvenir jusqu'à la salle où siégeait le Comité de salut public, lequel, parmi cette confusion, n'avait guère la possibilité de délibérer en paix. Il suffisait d'examiner un moment ce spectacle, pour comprendre que la victoire ne consentirait jamais à descendre sur les drapeaux de ces bandes ivres, indisciplinées.

Le Comité de salut public le comprenait-il? Il est permis de le croire. Un témoin oculaire nous a affirmé que si les hommes qui ont eu le triste honneur d'organiser la défense *in extremis* de Paris, avaient pu, dans ce moment, se soustraire aux exigences de la situation qui s'imposait à eux, ils auraient abandonné la partie, essayé de capituler. Mais ils étaient retenus à leur poste par la volonté de leurs courtisans et de leurs soldats, par la pensée qu'ils ne devaient espérer nulle indulgence du gouvernement contre lequel ils s'étaient insurgés ; que, dès lors, il valait mieux mourir en combattant qu'après s'être rendus ; enfin, par une vague espérance que les soldats de Versailles, renouvelant dans des circonstances plus graves et plus dramatiques la défection du 18 mars, lèveraient la crosse en l'air, fraterniseraient avec le peuple. C'est sous l'empire de ces pensées que furent décrétées les dispositions désespérées qui marquèrent la fin de la Commune.

De l'Hôtel de Ville furent lancés dans la journée du 22 les ordres dont nous aurons à constater bientôt les criminels résultats. A l'Hôtel de Ville furent rédigés les appels au peuple, les proclamations qui parurent pour la plupart le 23 mai dans le *Journal officiel*. Il est indispensable, dans l'intérêt de l'histoire et de notre récit, de publier dès à présent ces diverses pièces. Elles se passent de tout commentaire.

« CITOYENS,

« La porte de Saint-Cloud, assiégée de quatre côtés

ı la fois par les feux du Mont-Valérien, de la butte
Mortemart, des Moulineaux et du fort d'Issy, que la
trahison a livré, la porte de Saint-Cloud a été forcée
ıar les Versaillais, qui se sont répandus sur une partie
ıu territoire parisien.

« Ce revers, loin de nous abattre, doit être un stimu-
ant énergique. Le Peuple qui détrône les rois, le Peuple
ıui détruit les bastilles; le Peuple de 89 et de 93, le
'euple de la Révolution, ne peut perdre en un jour le
ruit de l'émancipation du 18 mars.

« Parisiens, la lutte engagée ne saurait être désertée
ıar personne; car c'est la lutte de l'avenir contre le
ıassé, de la Liberté contre le despotisme, de l'Egalité
ontre le monopole, de la Fraternité contre la servi-
ude, de la Solidarité des peuples contre l'égoïsme des
ıppresseurs.

« AUX ARMES !

« Donc, AUX ARMES! Que Paris se hérisse de
ıarricades, et que, derrière ces remparts improvisés,
ı jette encore à ses ennemis son cri de guerre, cri
l'orgueil, cri de défi, mais aussi cri de victoire; car
'aris, avec ses barricades, est inexpugnable.

« Que les rues soient toutes dépavées : d'abord,
ıarce que les projectiles ennemis, tombant sur la terre,
ıont moins dangereux; ensuite, parce que ces pavés,
ıouveaux moyens de défense, devront être accumulés,
le distance en distance, sur les balcons des étages
ıupérieurs des maisons.

« Que le Paris révolutionnaire, le Paris des grands

jours, fasse son devoir ; la Commune et le Comité de salut public feront le leur.

« Hôtel de Ville, le 2 prairial an 79.

« *Le Comité de salut public,*

« Ant. Arnaud, E. Eudes, F. Gambon, G. Ranvier. »

« Que tous les bons citoyens se lèvent !
« Aux barricades ! L'ennemi est dans nos murs !
« Pas d'hésitation !
« En avant pour la République, pour la Commune et pour la Liberté !

« AUX ARMES !

« Paris, le 3 prairial an 79.

« *Le Comité de salut public,*

« Ant. Arnaud, Billioray, E. Eudes, F. Gambon, Ranvier. »

« Le Comité de salut public autorise les chefs de barricades à requérir les ouvertures des portes des maisons là où ils le jugeront nécessaire ;

« A réquisitionner pour leurs hommes tous les vivres et objets utiles à la défense, dont ils feront récépissé et dont la Commune fera état à qui de droit.

« Paris, le 3 prairial an 79.

« *Le Membre du Comité de salut public,*

« G. Ranvier. »

« COMMUNE DE PARIS.

« *Etat-major de la place.*

« Le citoyen Jacquet est autorisé à requérir tous les citoyens et tous les objets qui lui seront utiles pour la construction des barricades de la rue du Château-d'Eau. et de la rue Albouy.

« Le vin seul et l'eau-de-vie sont et demeurent exceptés.

« Les citoyens et citoyennes qui refuseront leur concours seront immédiatement passés par les armes.

« Les citoyens chefs de barricades sont chargés d'assurer la sécurité des quartiers.

« Ils doivent faire visiter les maisons suspectes, faire partout ouvrir les portes et les fenêtres durant la durée des perquisitions.

« Toutes les persiennes doivent être ouvertes, toutes les fenêtres fermées.

« Les soupiraux des caves doivent être surveillés avec un soin particulier.

« Les lumières doivent être éteintes dans les quartiers attaqués.

« Les maisons suspectes seront incendiées au premier signal.   « DELESCUZE.

« Cachet bleu avec ces mots :

« COMMUNE DE PARIS. »

« *Le Chef de légion du Xe arrondissement,*

« BRUNEL.

« Cachet rouge avec ces mots :

« COMMUNE DE PARIS, mairie

« du Xe arrondissement. »

3

« Paris, 3 prairial an 79.

« L'ennemi s'est introduit dans nos murs, plutôt par la trahison que par la force ; le courage et l'énergie des Parisiens le repousseront.

« A l'heure où toutes les grandes communes de la France entière se réveillent pour la revendication de leurs libertés, pour se fédérer entre elles et avec Paris, Paris la ville sainte, le foyer de la révolution et de la civilisation, n'a rien à redouter.

« La lutte est rude, soit ; mais n'oublions pas que c'est la dernière, que c'est le suprême effort de nos ennemis.

« A ces hommes que rien n'a pu instruire, à ces hommes qui ne tiennent compte ni de la grande Révolution, ni de 1830 ; — à ces hommes qui ont oublié les luttes de 1848, les hontes de décembre 1851 et de Sedan ; — qui ne savent pas même se souvenir du 4 septembre, des journées du siége et du 18 mars, nous allons donner la grande leçon de prairial de l'an 79 !

« Ouvrons nos rangs à ceux que les Versaillais ont enrôlés de force et qui veulent s'unir à nous pour défendre la Commune, la République, la France.

« Mais, pas de pitié pour les traîtres, pour les complices de Bonaparte, de Favre et de Thiers !

« Tout le monde aux barricades. Tous doivent travailler, de gré ou de force même, à les construire ; tous ceux qui peuvent manier un fusil, pointer un canon ou une mitrailleuse, doivent les défendre.

« Que les femmes elles-mêmes s'unissent à leurs frères, à leurs pères et à leurs époux.

« Celles qui n'auront pas d'armes soigneront les blessés et monteront des pavés dans leurs chambres pour écraser l'envahisseur.

« Que le tocsin sonne ; mettez en branle toutes les cloches et faites tonner tous les canons, tant qu'il restera un seul ennemi dans nos murs.

« C'est la guerre terrible, car l'ennemi est sans pitié : Thiers veut écraser Paris, fusiller ou transporter tous nos gardes nationaux ; aucun d'eux ne trouvera grâce devant ce proscripteur souillé par toute une vie de crimes et d'attentats à la souveraineté du peuple. Tous les moyens seront bons pour lui et ses complices.

« La victoire complète est la seule chance de salut que nous laisse cet ennemi implacable. Par notre accord et notre dévouement, assurons la victoire.

« Aujourd'hui, que Paris fasse son devoir, demain la France entière l'imitera. »

Le Comité de salut public ne s'en tenait pas là ; il s'adressait encore aux francs-maçons de tous les rites et de tous les grades, et leur disait :

« Frères,

« La Commune, défenseur de nos principes sacrés, vous appelle à elle.

« Vous l'avez entendue, et nos bannières vénérées sont déchirées par les balles et brisées par les obus de ses ennemis.

« Vous avez répondu héroïquement ; continuez, avec l'aide de nos frères de tous les compagnonnages.

« L'instruction que nous avons reçue dans nos respectables ateliers dictera à chacun de nous, à tous, le devoir sacré que nous avons à remplir.

« Heureux ceux qui triompheront, glorieux qui succomberont dans cette lutte sainte ! »

Enfin le Comité de salut public tentait un effort suprême pour entraîner dans sa cause l'armée victorieuse qui l'étreignait de toutes parts. Il faisait poser sur les murs de Paris la proclamation suivante :

« Soldats de l'armée de Versailles,

« Le peuple de Paris ne croira jamais que vous puissiez diriger contre lui vos armes quand sa poitrine touchera les vôtres ; vos mains reculeraient devant un acte qui serait un véritable fratricide.

« Comme nous, vous êtes prolétaires ; comme nous, vous avez intérêt à ne plus laisser aux monarchistes conjurés le droit de boire votre sang comme ils boivent vos sueurs.

« Ce que vous avez fait au 18 mars, vous le ferez encore, et le peuple n'aura pas la douleur de combattre des hommes qu'il regarde comme des frères et qu'il voudrait voir s'asseoir avec lui au banquet civique de la Liberté et de l'Égalité.

« Venez à nous, frères, venez à nous ; nos bras vous sont ouverts !

« 3 prairial an 79.
                « *Le Comité de salut publie,*
        « Ant. ARNAUD, BILLIORAY, E. EUDES,
            F. GAMBON, G. RANVIER. »

Ces séductions ne furent même pas connues des soldats.

Deux jours plus tard, quand l'insurrection, acculée dans Belleville, n'aura plus d'autres ressources que de se jeter dans le Père-Lachaise, de s'y retrancher, de s'y faire étouffer, elle adressera encore aux soldats, sous les coups desquels elle va finir, un dernier appel qui n'aura pas plus de succès que le précédent.

« COMMUNE DE PARIS.

« *Fédération de la garde nationale.*

« COMITÉ GÉNÉRAL.

« Soldats de l'armée de Versailles,

« Nous sommes des pères de famille.

« Nous combattons pour empêcher nos enfants d'être un jour, comme vous, sous le despotisme militaire.

« Vous serez, un jour, pères de famille. Si vous tirez sur le peuple aujourd'hui, vos fils vous maudiront comme nous maudissons les soldats qui ont déchiré les entrailles du peuple, en juin 1848 et en décembre 1851.

« Il y a deux mois, au 18 mars, vos frères de l'armée de Paris, le cœur ulcéré contre les lâches qui ont vendu la France, ont fraternisé avec le peuple; imitez-les!

« Soldats, nos enfants et nos frères, écoutez bien ceci, et que votre conscience décide.

« Lorsque la consigne est infâme, la désobéissance est un devoir !

« 5 prairial an 79.

« *Le Comité central.* »

Tel fut le dernier cri de la Commune.

Il trouva un écho dans un infâme journal dont le directeur, le sieur Gustave Maroteau, n'avait cessé, depuis le 18 mars, de pousser les maîtres détestés de Paris aux actes les plus sanglants, les plus féroces. Le dossier qui précède serait incomplet, si nous n'y donnions place au rugissement désespéré de cette bête fauve :

« Citoyens,

« La trahison a ouvert les portes à l'ennemi; il est dans Paris; il nous bombarde; il tue nos femmes et nos enfants.

« Citoyens, l'heure suprême de la grande lutte a sonné. Demain, ce soir, le prolétariat sera retombé sous le joug ou affranchi pour l'éternité.

« Si Thiers est vainqueur, si l'Assemblée triomphe, vous savez la vie qui vous attend : le travail sans résultat, la misère sans trêve. Plus d'avenir ! plus d'espoir ! Vos enfants, que vous aviez rêvés libres, resteront esclaves; les prêtres vont reprendre leur jeunesse; vos filles, que vous aviez vues belles et chastes, vont rouler flétries dans les bras de ces bandits.

« Aux armes ! aux armes !

« Pas de pitié !— Fusillez ceux qui pourraient leur tendre la main ! Si vous étiez défaits ils ne vous épargneraient point. Malheur à ceux qu'on dénoncera comme les soldats du droit ! malheur à ceux qui auront de la poudre aux doigts ou de la fumée sur le visage !

« Feu ! feu !

« Pressez-vous autour du drapeau rouge sur les barricades, autour du Comité de salut public. — Il ne vous abandonnera pas.

« Nous ne vous abandonnerons pas non plus. Nous nous battrons avec vous jusqu'à la dernière cartouche, derrière le dernier pavé.

« Vive la République ! vive la Commune ! vive le Comité de salut public !

> « *Le directeur politique,*
> « Gustave MAROTEAU. »

Ce sont là des mots, rien que des mots. Ni ces proclamations violentes, ni les actes arbitraires commis contre les citoyens, ni les arrestations, ni les massacres dans les prisons, ni aucun des forfaits que nous allons raconter n'empêchaient le pouvoir de la Commune de s'affaiblir d'heure en heure.

III.

Durant toute la journée du lundi, Paris se couvrit de barricades. Dans la plupart des grandes rues, il en existait déjà, œuvre du citoyen Gaillard père, ancien cordonnier de Nîmes, lequel avait été nommé, par la Commune, *barricadier en chef.*

Ce fut par ses ordres qu'on en construisit d'autres de tous côtés, de telle sorte que Paris à la fin du jour, se trouva sillonné par une multitude de ces forteresses improvisées dont quelques-unes,—celles de l'Arc-de-

Triomphe, de la rue de Rennes, de la rue Saint-Florentin, du boulevard Ornano, de la gare du Nord, — avaient la même solidité que les remparts.

Les canons qui les armaient, les servants de pièces, les tirailleurs étaient abrités derrière une pyramide de pavés, de sacs de terre, d'énormes ballots de chiffons et d'étoffes, réquisitionnés dans les magasins de nouveautés.

Dans les quartiers populeux, les femmes et les jeunes filles travaillaient à ces barricades avec une activité extraordinaire. Elles arrêtaient les passants, qu'elles contraignaient, la menace à la bouche, le revolver ou le chassepot à la main, à y travailler aussi. Elles s'acharnaient surtout après les femmes du quartier dont la toilette révélait une condition sociale moins humble que leur propre condition, et qui commettaient l'imprudence de se montrer hors de leur demeure.

Cette ardeur, cette activité, cet acharnement des ouvrières dont la plupart étaient armées, marchaient au combat ou s'enrôlaient dans les compagnies de pétroleuses formées par le citoyen Gaillard père, s'expliquent par les attentions dont elles avaient été l'objet de la part de la commune. Les veuves, confiantes dans les promesses de l'Hôtel de Ville, s'étaient accoutumées à la pensée de toucher une pension annuelle de six cents francs, de voir leurs enfants adoptés, élevés, nourris, aux frais de l'État nouveau. Les malheureuses créatures crûrent et tinrent jusqu'au bout, et même vaincues, arrivant prisonnières à Versailles, elles ne voulaient pas se laisser convaincre que leurs espérances étaient désormais brisées.

On pense bien que ce n'étaient pas seulement les femmes qui procédaient à l'armement de Paris, par la transformation de tous les quartiers en autant de citadelles. Des personnages inconnus, mystérieux, inspectaient les barricades, distribuaient de l'argent aux travailleurs, entraient dans certaines maisons, traçaient des plans, faisaient ouvrir des brèches dans les murailles, de façon à créer aux combattants, d'une rue à l'autre, des communications faciles, à l'abri des balles.

En certains endroits, ils rencontraient une résistance énergique. Dans la rue de Bondy, non loin des Folies-Dramatiques, trois hommes, le revolver à la main, défendirent l'entrée d'une maison désignée pour être crénelée. On n'osa forcer leur résistance.

Des faits identiques durent se produire ailleurs. Combien d'actes courageux furent accomplis par des citoyens résolus, actes qu'on ne connaîtra jamais, ou qui ne seront révélés que peu à peu, alors que les impressions personnelles à chacun passeront dans le domaine public.

Il y eut d'ailleurs des épisodes horribles.

L'énergie de certains citoyens, loin de les sauver, déchaîna contre eux toutes les colères des insurgés. Les arrestations furent nombreuses dans la journée du 22 mai. Les rapides progrès de l'armée dans sa marche à travers les rues en feu, purent seuls arracher des centaines de victimes à une mort assurée.

C'est ainsi que les professeurs de la faculté du droit, à la tête desquels était resté le vénérable M. Ortolan, les administrateurs de la bibliothèque Sainte-Geneviève, le clergé de Saint-Étienne-du-Mont, désignés par la commune à la colère des gardes nationaux, et menacés d'être fusillés, furent sauvés, avant de connaître le danger qu'ils avaient couru. Une menace semblable fut adressée par Millière et Mégy à l'administrateur du *Moniteur universel*. L'arrivée des troupes en empêcha l'exécution.

Malheureusement il n'en fut pas partout de même. Parmi les gardes nationaux, il en était un petit nombre qui avait été jusqu'alors chargé de l'exécution des ordres de la Commune. Les uns avaient fusillé sans jugement, sans décision supérieure, n'obéissant qu'à leur caprice, des sergents de ville, des gendarmes, des réfractaires; les autres avaient procédé aux arrestations, aux perquisitions. Ce sont ceux-là qui, dans la journée du 22, se montrèrent les plus cruels, les plus inexorables, les plus féroces. Ils préludaient ainsi au massacre des otages qui devait commencer le lendemain.

Parmi leurs victimes, il faut compter un pharmacien de la rue Neuve-des-Petits-Champs, M. Koch, homme honorable, aimé, estimé par tous ses voisins.

Le lundi 22 mai, ces misérables, refoulés dans l'intérieur de Paris, construisaient des barricades rue Richelieu. Ils en avaient élevé déjà trois : l'une au coin de la place du Théâtre-Français, les deux autres devant la rue du Hasard et devant la rue Molière. Une bande d'enfants, envoyée par eux, s'occupait à en construire une quatrième entre la fontaine Molière et la rue Neuve-des-Petits-Champs. M. Koch, devant la porte duquel on commençait à mettre des pavés en pyramide, dit aux enfants « qu'ils feraient bien mieux de s'occuper d'autre chose. » L'un d'eux répondit par un geste de menace, s'éloigna, alla rapporter ces paroles à un capitaine, qui aussitôt envoya une dizaine d'hommes. Ils arrêtèrent M. Koch dans sa pharmacie, le conduisirent aux Tuileries. Quelques courageux citoyens du quartier l'y suivirent, afin d'intercéder auprès des membres de la Commune. Leurs efforts furent, hélas! inutiles, et, quelques heures plus tard, M. Koch était fusillé, en compagnie de quatre gendarmes.

A côté d'épisodes de cette nature, on peut en citer de moins douloureux qui eurent lieu le même jour.

Un marchand de nouveautés, dont les magasins sont situés sur la place de la Bastille, s'était caché dans sa cave pour échapper aux recherches des fédérés ; leur acharnement à découvrir sa retraite grandissait en même temps que s'accentuaient les progrès de l'armée de l'ordre. Ils entrèrent dans la maison et demandèrent où il se trouvait.

— Parti! fut la réponse.

— C'est faux ; il est caché ; nous allons faire une perquisition, et si nous le trouvons, vous, lui et le concierge, qui a dit comme vous, serez fusillés.

Ils se mirent à fouiller de tous côtés, passèrent dix fois à côté du pauvre diable sans le découvrir.

— Donnez-nous du vin, dirent-il alors à la femme, et buvez avec nous ; nous verrons bien si vous avez peur.

Elle ne se troubla pas, but avec eux. Ils partirent, la menace à la bouche. Le malheureux homme resta caché trois jours dans sa cave ; ce n'est qu'au bout de ce temps que l'arrivée de nos troupes le délivra. Il était temps ! Les soupiraux avaient été bouchés par ordre de la police ; il étouffait.

Sur un autre point de Paris, dans la rue Saint-Honoré, au café Voisin, une douzaine d'insurgés se présentèrent pour déjeuner ; ils étaient tous plus ou moins galonnés, avaient la voix haute, l'œil courroucé, comme des gens décidés à livrer une forte bataille aux meilleurs crus de la cave. L'un des garçons les engagea à s'installer au premier étage, dans un cabinet, en leur donnant à entendre qu'ils seraient là plus tranquilles, plus libres ; ils se laissèrent séduire, s'installèrent devant un fin repas dont la Commune devait d'ailleurs payer les frais ; mais un quart d'heure ne s'était pas écoulé qu'un détachement du 15e de ligne se présentait dans le restaurant, et, sur l'avis du garçon, surprenait à table les trop confiants convives.

Jusqu'au bout, d'ailleurs, la table joua un très-grand rôle dans l'existence de ces messieurs ; ils aimaient l'orgie ; ils étaient avides de bonne chère, passaient volontiers le temps dans une salle à manger luxueuse et hospitalière.

En voici une preuve :

L'état-major du général Bergeret était resté avec son chef, au Palais-Bourbon, durant six semaines, installé dans les appartements de réception, dans les logements des employés. Lorsque nos soldats, s'étant emparés du Palais, visitèrent les bâtiments, ils trouvèrent, dans presque toutes les salles à manger, le couvert mis ; il y avait même dans l'une d'elles, sur la table, un plat d'asperges encore intact qui, pour la singularité du fait, y fut laissé pendant vingt-quatre heures.

Si les officiers de la Commune se montraient friands, gourmets, ils n'étaient pas moins avides de pillage et de vol. On en pourrait citer cent exemples. En voici un dont nous pouvons garantir la stricte et absolue vérité.

Au Palais-Bourbon, dont il vient d'être parlé, dans l'appartement de l'un des employés supérieurs de l'Assemblée nationale, était logé un sieur Painchaud, commandant le bataillon des Éclaireurs Bergeret, arrêté depuis dans une maison de la rue des Cornouillers, et fusillé place Vendôme. Il fit enlever, pendant son séjour dans cet appartement, les meubles les plus précieux, les pendules, le linge. Les Éclaireurs, qu'il commandait, opérèrent le déménagement. La batterie de cuisine ne fut pas moins épargnée : Mme et Mlle Painchaud se l'approprièrent.

Lorsque le légitime propriétaire des objets volés rentra chez lui, il trouva quelques gros meubles que leur poids avait fait laisser en place, deux cents cartes de visite, au nom du sieur Painchaud, portant son grade et son adresse au Palais ; toute une correspondance des plus curieuses et un uniforme dans une armoire ; il ne restait rien autre d'un mobilier très-confortable et très-complet.

Partout où ces messieurs avaient passé à un titre quelconque, les traces de leur séjour se traduisaient en gaspillage, en désordres. Voici un piquant tableau que nous coupons dans un journal et qui confirme nos assertions :

« Nous avons pu hier visiter le cabinet d'un de ces ministres à bottes molles, à veston bleu, à képi galonné ! C'était un désordre grotesque : sur un fauteuil était jetée une couverture de lit ; sur un autre, un vieux pantalon noir dont le fond était déchiré ; dans un coin, un tas de sacs d'argent... vides ; ailleurs une grammaire arabe, puis un Annuaire du clergé lugubrement ouvert à l'article Paris ; des obus, une collection du *Père Duchêne*, et puis partout, partout, des petits paquets avec du tabac, des verres, tout l'accompagnement du grog démocratique et social. Enfin l'article dégâts ! A côté d'un socle brisé gît une jolie statuette d'Henri IV, reproduction du modèle de Bosio qui est au Louvre. Un bras est cassé, le corps, la figure, le nez surtout, sont criblés de coups paraissant provenir de balles de revolver ; évidemment le courage de l'état-major du ministre communeux s'est donné carrière sur l'image du tyran. Autre détail curieux. La confiance dans le sucès était si grande, que le secrétaire particulier du ministre était venu s'installer au ministère avec toute sa famille, deux jours avant celui où toute la nichée affamée a dû prendre son vol devant l'apparition des pantalons rouges. »

Ce qui caractérise la Commune, c'est que partout, même en ces jours sanglants, le drame coudoie des farces grotesques, s'y mêle étroitement.

Durant cette journée du lundi, un seul quartier put se croire véritablement délivré : c'était Passy. Partout ailleurs, on se battait ou l'on était menacé ; mais, dès le matin, les habitants du seizième arrondissement, si cruellement éprouvés par la canonnade, condamnés depuis onze jours à vivre dans les caves, avaient vu apparaître le pantalon rouge. C'était la délivrance. Aussitôt, les hommes, les femmes, se mirent à faire la soupe pour les soldats qu'ils acclamaient avec enthousiasme.

Dans la journée, M. Henri Martin, maire de Passy, vint reprendre possession de la maison municipale, où s'installa également le préfet de la Seine, M. Jules Ferry, qui devait, au fur et à mesure des succès de l'armée, s'avancer dans l'intérieur de Paris.

Le quartier général de l'ordre était à Passy. C'est là que les gardes nationaux qui avaient courageusement résisté à la Commune, se rendaient des divers quartiers de Paris, dès qu'ils pouvaient quitter leur demeure et venaient se réunir à ceux qui rentraient de Versailles. Là aussi étaient réunis les individus arrêtés pendant la lutte. A chaque instant, on formait devant le secteur installé dans le château de la Muette, de longs convois de prisonniers qui partaient pour Versailles, sous bonne escorte ; mélange singulier d'hommes, de femmes, d'enfants affublés d'uniformes grotesques, de vieillards traînant la jambe, de soldats de diverses armes. Les habitants les regardaient passer avec une joie qui se ressentait encore de la terreur sous l'empire de laquelle ils étaient la veille.

Les concierges, en bon nombre d'endroits, râclaient les murs couverts des affiches de la Commune. L'une de ces affiches, datée du 21 mai, annonçait une grande victoire des communeux sur les troupes de Versailles ; une autre annonçait pour le 25, la mise en adjudication d'un grand nombre de vélocipèdes. La plus récente, signée *Lecaudey*, faisait appel aux *hommes de cœur* de Paris et de Lyon pour former un corps d'élite auquel une haute paye était assurée, qui devait s'appeler les *Zouaves de la Commune.*

Est-il nécessaire d'ajouter, pour compléter ce tableau, que depuis la veille au soir, les journaux de l'Hôtel de Ville ne parvenaient plus à Passy ? Ceux de Versailles n'y parvenaient pas encore. Les magasins étaient tous fermés, à l'exception des boutiques de marchands de vin. Les débits de tabacs n'avaient plus un cigare à vendre.

La garde nationale réunie à Passy eut, ce jour-là, comme les jours suivants, une grosse tâche à remplir. On lui avait confié la surveillance et le service du quartier. Tandis que les uns recevaient, emmagasinaient à la Muette les munitions, les projectiles, les armes enlevés aux insurgés sur les divers points où la lutte était engagée, les autres procédaient par patrouilles à la police des rues et gardaient les prisonniers.

Au surplus, la garde nationale — il convient de lui payer ce tribut de justes éloges, maintenant surtout qu'elle n'est plus — la garde nationale dévouée à l'ordre se montra animée du patriotisme le plus éclairé, le plus vaillant, le plus audacieux. Plusieurs officiers avaient demandé à marcher avec les troupes. Partout on les vit à la tête des bataillons.

Ces dramatiques événements sont encore trop près de nous, pour qu'on ait oublié la belle conduite de plusieurs d'entre eux, dans le faubourg Saint-Germain, pendant les journées des 22 et 23 mai. Sous les ordres du commandant supérieur du septième arrondissement,

e lieutenant-colonel Durouchoux, ils renversèrent la
guenille rouge, arborèrent le drapeau tricolore aussitôt qu'ils eurent appris l'entrée de l'armée de Versailles dans Paris.

Il y eut un merveilleux déploiement de courage
et d'héroïsme auquel nous ne saurions mieux rendre
hommage qu'en publiant le récit, en quelque sorte
officiel, qu'en a fait le capitaine Bertrand Taillet. C'est
un document auquel nous sommes d'autant plus
heureux de donner place, qu'à côté du colonel
Durouchoux, mort glorieusement pour l'ordre et pour
la loi, nous trouvons, combattant pour la même cause,
notre confrère Henri Vrignault, rédacteur en chef du
Bien public, qui allie au talent le plus incontesté une
force d'âme admirable. Voici en quels termes s'exprime
M. Bertrand Taillet :

« Depuis plusieurs semaines, le lieutenant-colonel
Durouchoux s'était mis en rapport avec les capitaines
commandant les bataillons de l'arrondissement restés
fidèles, en totalité ou en partie, à la cause de l'ordre
et du gouvernement régulier : les 15e, 16e, 17e et
106e.

« Le lundi 22, dès cinq heures du matin, le colonel
prévenait les commandants de ces bataillons de l'entrée à Paris de l'armée française, et leur donnait rendez-vous pour neuf heures du matin, au square des
Ménages. Pendant que les capitaines commandants
prévenaient les officiers et les hommes, un premier
incident se produisait aux écoles de la rue du Bac. Le
sous-lieutenant Vrignault, porte-drapeau du 16e bataillon, et l'adjudant payeur, M. Guyard, qui a fait

preuve dans ces deux journées d'une grande bravoure, enlevaient le drapeau rouge qui se trouvait à l'école communale de la rue du Bac, ainsi que celui qui était arboré au commissariat de police, rue de Varennes, et y substituaient, aux applaudissements des habitants du quartier, le drapeau tricolore. C'était pour la première fois que, depuis la Commune, le drapeau national était arboré dans Paris.

« Peu de temps après, les deux membres de la Commune qui ont opprimé le VIIe arrondissement, Urbain et Sicard, parcouraient à cheval les rues du quartier Saint-Thomas-d'Aquin, excitant leurs adhérents à élever des barricades aux principaux carrefours, notamment à l'intersection des rues du Bac et de Grenelle. Le colonel Durouchoux, prévenu, descend dans la rue en uniforme ; il rallie le lieutenant Marin, de la 2e compagnie de guerre du 16e bataillon ; le sous-lieutenant Vrignault, porte-drapeau du 16e ; Cassan, sergent-major de la 1re compagnie de guerre du 16e, et Grandin, garde à la 3e sédentaire du 16e bataillon, et il se précipite, le sabre à la main, sur la barricade aux cris de : Vive la République ! à bas la Commune ! — Les insurgés se dispersent devant cet élan, et le colonel s'engageait avec sa vaillante escorte dans la rue de Grenelle, lorsqu'un coup de feu, parti du n° 81, le frappe au cou et à l'épaule. Il fallut le transporter dans une ambulance provisoire, rue des Dames-de-la-Visitation-Sainte-Marie. Lorsque ses compagnons revinrent par le passage Sainte-Marie au carrefour des rues du Bac et de Grenelle, ils y trouvèrent une poignée d'hommes accourus pour la défense de l'ordre, notamment le lieuenant Blamont, du 17e bataillon, qui avait planté, au milieu du carrefour, le drapeau tricolore.

« Les gardes nationaux et les volontaires, au nombre de vingt-cinq environ, occupèrent les quatre maisons formant le carrefour. Un feu, qui ne s'est guère ralenti pendant deux jours, s'engagea entre cette poignée d'hommes et les insurgés établis à la grande barricade de la rue du Bac, en face le Petit-Saint-Thomas. Un autre groupe de garde nationaux et de volontaires s'établit à l'intersection des rues du Bac et de Varennes, puis, plus tard, rue du Bac, à la hauteur de la rue de Babylone, et soutint pendant toute la journée du lundi une vive fusillade contre les fédérés établis à la barricade de la rue Bellechasse, à l'Hôtel du ministère des travaux publics, enfin à l'hôtel de Chanaleilles.

« Je ne décrirai pas les divers incidents de ces deux journées de luttes, les mouvements en avant et les mouvements tournants à travers les jardins. Il me suffira de dire que, pendant la journée du lundi 22, quarante ou cinquante hommes sont parvenus, dans un quartier cerné de tous les côtés par les insurgés, à se maintenir dans le périmètre s'étendant de la rue de Grenelle à la rue de Sèvres, et ont protégé ainsi une partie de la rue du Bac, la rue de Varennes et la rue de Babylone. C'est à sept heures et demie du soir que les éclaireurs du 39e de ligne sont venus, sous le commandement du brave lieutenant Mathieu, donner aux défenseurs de l'ordre un concours d'autant plus nécessaire que quelques minutes après, les 105e et 187e bataillon envoyés par la Commune, apparaissaient au carrefour de la rue du Bac et de la rue de Grenelle. —

Apprenant l'arrivée de la troupe de ligne, ces deux bataillons battirent en retraite du côté des quais. Le lendemain 23, la garde nationale et les volontaires, unissant leurs efforts à ceux des éclaireurs du 39e et de deux autres compagnies de ligne envoyées en renfort, ont engagé une fusillade qui n'a pas duré moins de six heures contre la barricade de Petit-Saint-Thomas. A plusieurs reprises, cette barricade, armée de canons, a fait pleuvoir les obus et la mitraille, et ce n'est que grâce à une demi-batterie d'artillerie, commandée par le lieutenant Witschger, qu'elle a pu être enlevée.

« Tels sont, en résumé, les incidents de ces deux terribles journées, dont le résultat a été de préserver cette partie de l'arrondissement du pillage et de l'incendie qui ont dévasté la rue de Lille et le bas de la rue du Bac. Je tiens à honneur de constater que, seuls peut-être dans Paris, quelques gardes nationaux et quelques volontaires du 7e arrondissement ont su prendre l'initiative, et n'ont point attendu la présence des troupes pour arborer le drapeau tricolore et pour défendre eux-mêmes leurs familles et leurs maisons. Pour signaler ceux qui ont fait leur devoir, il faudrait citer tous les gardes nationaux et tous les volontaires qui ont pris part à la lutte. »

Voilà un des plus beaux chapitres de l'histoire de la garde nationale. C'est le courage civique dans ce qu'il a de plus élevé, de plus noble. Malheureusement, à côté de ces exemples, on en trouve d'autres absolument criminels. Ainsi, dès le lundi soir, il se produisit un fait qui attira l'attention de l'autorité militaire et ne

ontribua pas peu à provoquer la décision prise le sur-
endemain, qui enlevait aux gardes nationaux sans exception le droit de combattre l'émeute. On vit des individus, derrière les barricades, prendre un brassard tricolore, passer au parti de l'ordre. Il en fut
fait prompte et rapide justice. La légitime irritation
des honnêtes gens facilita sur ce point la tâche des
soldats. Les coupables furent dénoncés sans pitié. Mais
le coup était parti. La garde nationale fut frappée au
cœur, et le jour où, par prudence, elle fut supprimée,
personne ne songea à élever la voix pour se plaindre
ou n'osa le faire. Elle s'était suicidée.

Ce fut aussi une mesure de prudence qui décida le
maréchal de Mac-Mahon, d'abord, à exiger des laisser-
passer à l'entrée et surtout à la sortie de Paris ; ensuite
à fermer les portes à quiconque ne circulait pas pour
le service de l'État. Les agents diplomatiques eux-
mêmes furent priés de renoncer pour quelques jours
à faire le voyage de Paris. On dut à ces précautions
de pouvoir arrêter divers individus qui avaient de
longue main préparé leur évasion, comptant pour la
faire heureusement sur le désordre qui suivrait l'entrée des troupes.

Cependant les mouvements militaires se conti-
nuaient, se dessinaient, s'accentuaient. Nous étions au
mardi matin. Une dépêche de ce jour disait :

« Il y a 90,000 hommes dans Paris. Le général de
Cissey est établi de la gare Montparnasse à l'École-
Militaire et achève de border la rive gauche de la Seine
jusqu'aux Tuileries. Les généraux Douay et Vinoy en-
veloppent les Tuileries, le Louvre, la place Vendôme

pour se diriger ensuite sur l'Hôtel de Ville. Le général Clinchant, maître de l'Opéra, de la gare Saint-Lazare et des Batignolles, vient d'enlever la barricade de Clichy. Il est ainsi au pied de Montmartre que le général Ladmirault vient de tourner avec deux divisions. Le général Montaudon, suivant par le dehors le mouvement du général Ladmirault, a pris Neuilly, Levallois-Perret, Clichy et attaqué Saint-Ouen. Il a pris cinq cents bouches à feu et une foule de prisonniers. »

Le chiffre des prisonniers faits depuis la veille s'élevait alors à 6,000 environ.

Néanmoins, en dépit de ces premiers succès, on n'avait fait encore qu'un pas. Il était considérable, mais, il laissait entre nos troupes et l'Hôtel de Ville, point central important à conquérir, toute l'étendue des Tuileries, du Louvre et du quartier Saint-Germain-l'Auxerrois.

La situation était périlleuse pour nos soldats.

De Clichy, de Montmartre, de Saint-Ouen, des Buttes-Chaumont, des forts de Bicêtre et d'Ivry — le fort de Montrouge était abandonné à la même heure — les fédérés ayant changé la direction de leurs canons, tiraient à toute volée sur la partie de la ville conquise déjà sur l'insurrection. Les obus arrivaient au Trocadéro, à l'Arc-de-Triomphe, aux Ternes, dans le faubourg Saint-Honoré, à la Madeleine, dans le faubourg Montmartre ; et partout la population terrifiée se demandait si ces vandales allaient détruire Paris. Quel n'eût pas été son effroi, si elle avait connu l'ordre suivant que le général de la Commune, Eudes, envoyait à un officier placé sous ces ordres :

« Tire sur la Bourse, la Banque, les Postes, la place
es Victoires, la place Vendôme, le jardin des Tuile-
es, la caserne Babylone. Nous laissons l'Hôtel de
ille sous le commandement de Pindy, et la Guerre
t le Comité de salut public, ainsi que les membres de
i Commune présents se transportent à la mairie du
nzième arrondissement, où nous nous établissons.
'est là désormais que nous allons organiser la défense
es quartiers populaires. Nous t'enverrons de l'artil-
rie et des munitions du parc Basfroi ! Nous tien-
rons jusqu'au bout et quand même.

« E. Eudes. »

Les insurgés avaient encore devant le palais des
uileries, au bord du fossé qui sépare le jardin ré-
ervé du jardin public, une batterie qui balayait l'ave-
ue des Champs-Élysées, et qui, avec l'aide des canons
ont la barricade de la rue Saint-Florentin était ar-
ée, rendaient cette avenue intenable. Embusqués
errière les maisons, au Palais de l'Industrie, à l'a-
enue Montaigne, couchés dans les massifs et les pe-
ouses des Champs-Élysées, des fantassins de l'ar-
ée versaillaise essayaient avec succès, non sans
éril, d'abattre les artilleurs de la Commune. Des ca-
ons placés, les uns devant l'Arc-de-Triomphe, les
utres sur la terrasse du Corps législatif, s'efforçaient
e démonter ses pièces.

La lutte sur ce point fut plus longue que meurtrière.
Elle ne se termina que vers sept heures du soir, par
a prise de la barricade de la rue Saint-Florentin.

Cette barricade, qui défendait à la fois les abords de

la rue Royale et ceux de la rue de Rivoli, était énergiquement défendue par une bande importante d'insurgés. Pour éviter une inutile effusion de sang, on fit un mouvement tournant par la rue Boissy-d'Anglas et par les jardins des grands hôtels du faubourg Saint-Honoré. En même temps un corps de troupes descendait par le boulevard Haussmann, le boulevard Malesherbes et la rue Tronchet. Il fut arrêté deux fois dans sa marche, à l'église Saint-Augustin, d'abord, autour de laquelle les insurgés s'étaient retranchés, afin de couper la route sur la Madeleine, ensuite aux magasins du *Printemps,* rue Tronchet, et dans les maisons voisines, qu'il fallut visiter de haut en bas. Le combat avait été très-vif aussi dans la rue Boissy-d'Anglas. On accomplit cependant avec bonheur le mouvement.

Les insurgés, pris à revers, s'enfuirent du côté de la Madeleine, et s'y retranchèrent, voyant leur retraite coupée. Mais les marins et les soldats se précipitèrent; les portes, à peine barricadées, furent forcées ; on pénétra dans l'édifice. Le combat fut acharné. Irrités des désastres dont les misérables qui luttaient avec eux étaient la cause, et de la mort d'un certain nombre d'entre eux, les soldats ne firent guère de quartier.

Grâce à ce succès, le soir venu, on était, dans cette direction, maître du terrain, et comme, en outre, on avait pu prendre possession de la mairie du neuvième arrondissement et de la Banque, de l'église de la Trinité et de la mairie de la rue Drouot; comme sur la rive gauche, on s'avançait le long des quais, toute une fraction de l'insurrection allait peu à peu se trouver resserrée entre la rue de Rivoli, la Seine, la place de

Concorde, et repoussée vers l'Hôtel de Ville. Il faut ajouter qu'à l'église de la Trinité, le combat fut extrêmement violent. Là, comme à la Madeleine, comme à Saint-Augustin, les insurgés, au nombre de deux ou trois cents, s'étaient enfermés dans l'église, excités à la résistance par un délégué de la Commune qui les commandait. Ils dirigeaient sur les troupes, par toutes les ouvertures, un feu meurtrier. On braqua une pièce de canon sur les portes et on les enfonça.

Au nouvel Opéra, on eut facilement raison des insurgés, grâce à l'audace courageuse de l'officier qui commandait le premier détachement d'attaque. En mettant le pied dans l'édifice, il déclara que ceux des insurgés qui ne se rendraient pas sur-le-champ seraient fusillés. On lui répondit par des cris de défi ; le chef de la bande le menaça de son revolver. Pour toute réponse, l'officier leva le sien, visa l'insurgé, l'étendit mort à ses pieds et renouvella sa sommation à laquelle personne ne songea plus à résister.

Mais, quelque brillants que fussent ces avantages, cette journée avait eu un succès bien autrement décisif. Les buttes Montmartre étaient tombées en notre pouvoir, grâce au mouvement combiné des généraux Clinchant et de Ladmirault.

Les buttes Montmartre étaient le camp, la maison même de l'insurrection. C'est là qu'elle s'était formée peu à peu, pendant et après le siége, qu'elle s'était accomplie le 18 mars, et souillée presque aussitôt d'un double assassinat. C'est là qu'il importait de vaincre. Même les optimistes s'inquiétaient de voir une telle position aux mains des insurgés. On redoutait qu'ils

4

n'eussent pris la résolution de se retrancher sur ces hauteurs, et tandis qu'on les y attaquerait, de bombarder Paris.

Les généraux chargés des opérations contre Montmartre, comprirent qu'il fallait marcher sur ce berceau de l'émeute, rapidement, à l'improviste, avant que les fédérés eussent le temps de s'y concentrer en trop grand nombre, ou de s'y fortifier. Le mardi, à onze heures et demie, le général de Ladmirault occupait la gare du Nord et la rue Marcadet, entre la butte et Saint-Denis, après un engagement assez vif, dans lequel le général de la Commune Dombrowski fut grièvement blessé, en défendant une barricade placée au coin du boulevard d'Ornano et de la rue Myrrha. Solidement établi dans ces positions, le chef du premier corps donnait l'ordre à ses troupes de monter à l'assaut, par deux côtés différents. Les officiers de la garde nationale étaient au premier rang et eurent à cette affaire vingt-sept morts ou blessés.

De son côté, le général Clinchant s'était porté du nouvel Opéra à la barrière de Clichy, y avait enlevé une forte barricade, et, continuant sa marche à travers la partie ouest du cimetière Montmartre, s'avançait aussi contre la butte.

Attaqués par trois colonnes d'assaut, les insurgés résistèrent d'abord derrière les barricades, puis se réfugièrent dans les maisons placées autour de la place Saint-Pierre. Il fallut les déloger successivement de ces positions. La plupart des défenseurs de la butte furent tués. On ne fit prisonniers qu'une centaine d'hommes ayant les armes à la main. Mais on en ar-

éta un très-grand nombre qui, au moment de l'arrivée
les troupes, avaient jeté leurs uniformes, leurs armes,
fin de n'être pas reconnus.

Ceux qui purent échapper à la légitime colère des
oldats se dirigèrent vers Belleville. C'est ce quartier
ui devait être le dernier refuge de l'insurrection. Les
énéraux le savaient et s'attendaient à une résistance
ésespérée sur ce point. Un fait vint leur prouver à
avance que leurs prévisions étaient fondées. Nos
roupes s'installaient sur le plateau, lorsqu'il y arriva
les obus, envoyés par une batterie placée sur les
uttes Chaumont. Le général Clinchant fit établir
ussitôt des pièces de marine sur le point le plus élevé
le la colline Montmartre, et les canons insurgés furent
bientôt réduits au silence.

Ainsi, après deux jours de combat, nous tenions
l'émeute, en quelque sorte, dans notre main. Sa chute
complète n'était plus qu'une affaire d'heures. Dans la
dépêche officielle, par laquelle il laissait pressentir la
prise de Montmartre, M. Thiers avait pu dire : « La
résistance des insurgés cède peu à peu et tout fait
espérer que si la lutte ne finit pas aujourd'hui, elle
sera terminée demain au plus tard, et pour longtemps. »
M. Thiers se trompait comme nous tous.

Hélas ! non, elle ne devait pas finir le lendemain,
cette horrible lutte. Loin de finir, elle allait prendre
une physionomie barbare.

Le soir du même jour devait voir se commettre un
crime abominable, et Versailles, la France, l'Europe,
allaient se réveiller le mercredi matin, sur ce terrible
cri : Paris brûle !

IV.

Le projet de faire sauter Paris, de le brûler plutôt que de se rendre, de ne reculer devant aucune extrêmité, ni contre les hommes, ni contre les choses, ne fut point le résultat d'une résolution spontanée, dictée à des hommes de courage, par la volonté de vaincre ou de mourir, et de s'ensevelir sous les ruines de la ville qu'ils avaient en vain défendue. Il était arrêté depuis longtemps dans l'esprit des membres de la Commune. C'est désormais un fait acquis, qu'ont démontré clairement, non-seulement les aveux des prisonniers interrogés à Versailles, mais encore toute une série de faits à laquelle il était indispensable de donner une place dans ce récit.

C'est d'abord un odieux article de Vallès, annonçant cette sauvage résolution de défendre Paris par *tous les moyens*, et se terminant ainsi : « M. Thiers, s'il est chimiste, nous comprendra. »

C'est ensuite ce mot d'un commandant de l'artillerie de la garde nationale qui, dans les premiers jours d'avril, en dépit des réclamations et de la terreur des habitants du quartier, faisait établir une batterie au Trocadéro, avec la folle prétention d'atteindre le Mont-Valérien.

— Les quartiers des réactionnaires sauteront tous, disait-il. Nous n'en épargnerons pas un seul.

Après le renversement de la colonne de la place Vendôme, deux énergumènes, membres de la Commune, s'élancèrent sur les échaffaudages qui entourent le piédestal, et de là, comme du haut d'une tribune, haranguèrent le peuple. C'étaient les sieurs Miot et Ranvier. Dans le discours du premier, on trouve ce passage, gros de promesses :

« Jusqu'ici, notre colère ne s'est exercée que sur des choses matérielles ; mais le jour approche où les représailles seront terribles et atteindront cette réaction infâme qui cherche à nous écraser. »

Le second ajoutait : « La colonne Vendôme, la maison de M. Thiers, la Chapelle expiatoire ne sont que des exécutions matérielles ; mais le tour des traîtres et des royalistes viendra inévitablement, si la Commune y est forcée. »

Le 21 mai, le *Journal officiel* de la Commune publiait une note déclarant que les titres de rente et le grand-livre trouvés au Ministère des finances, seraient brûlés dans les quarante-huit heures. La Commune s'émut non du projet que lui prêtait cette note, projet dès longtemps arrêté, mais de la publicité qui lui était donnée avant son exécution. Il y eut dans son sein un débat orageux, durant lequel la liberté du citoyen Grêlier, dont l'inadvertance avait permis que le projet fût connu des Parisiens, courut les plus grands dangers. C'est à cette occasion que le sieur Paschal Grousset prononça les paroles suivantes : « Tout en blâmant l'insertion de cette note, je demande qu'on prenne des mesures pour l'anéantissement de tous les titres appartenant aux Versaillais le jour où ils entreraient à Paris. »

Pour quiconque sait lire entre les lignes, ces menaces sont significatives. Elles sont l'expression

4.

d'une pensée depuis longtemps arrêtée, dans des esprits pervers, audacieux, décidés à tout.

Les mesures prises par la Commune et par ses courtisans, pour mettre à exécution ces promesses odieuses, sont encore plus explicites.

Il y avait dans tous les quartiers, des mines préparées, des torpilles posées, des fils tendus, des barils de pétrole prêts à être défoncés.

On avait accumulé dans le Panthéon des poudres en quantité telle qu'il n'avait pas fallu moins de cinquante charrettes pour les transporter. Quand nos soldats s'emparèrent du monument, l'officier qui les commandait s'empressa de rechercher la mèche qui devait mettre le feu à la mine. Au moment où il la coupa, elle n'avait plus qu'un mètre de sa longueur non consumé.

Sous le Trocadéro, il y avait un approvisionnement de nitro-glycérine.

Enfin, dans les égouts, les fils se croisaient, correspondant de tous côtés, avec des amas de matières facilement inflammables et explosibles. Nous connaissons un officier de la garde nationale, homme énergique, probe, ami non-seulement de la république, mais aussi de la loi, lequel, resté à Paris, au milieu des fédérés, en possession d'un commandement, et avec l'approbation de M. Thiers, passa plusieurs nuits dans les dessous de la ville, occupé à détruire tout le réseau des fils qui devaient allumer des incendies ou provoquer des explosions. Il fit également avorter des essais de fusées, de feu grégeois, l'emploi d'engins redoutables et inquiétants. Le métier n'était pas sans

éril : on était exposé, non-seulement aux conséquences d'une explosion subite, mais encore à être
arrêté par la Commune, comme traître. L'officier dont
nous parlons perdit à cette tâche périlleuse deux des
braves gens qui avaient résolu d'en tenter avec lui
l'accomplissement.

Ces divers faits prouvent jusqu'à l'évidence la pré-
méditation de la Commune, aussi bien en ce qui
touche l'exécution des otages, qu'en ce qui concerne
l'incendie. Néanmoins, si ces preuves ne suffisaient
pas à convaincre certaines personnes, des véritables
projets de l'Hôtel de Ville, voici quelques ordres em-
pruntés aux pièces officielles du temps, propres à
amener la conviction parmi les plus incrédules.

C'est d'abord une dépêche d'un colonel Parent, qui n'a
rien de commun, croyons-nous, avec M. Ulysse Parent,
arrêté depuis. Cette dépêche dit: « Incendiez le quartier
de la Bourse; ne craignez pas. » Puis, voici deux ordres non moins significatifs.

Le premier : « Le citoyen délégué commandant la
caserne du Château-d'Eau est invité à remettre au
porteur du présent les bonbonnes d'huile minérale
nécessaire au citoyen chef général des barricades du
faubourg du Temple.   « *Le chef de légion,*

« Brunel. »

Le second : « Le citoyen Millière, à la tête de cent
cinquante fuséens, incendiera les maisons suspectes
et les monuments publics de la rive gauche.

« Le citoyen Dereure, avec cent fuséens, est chargé
du 1er et du 2e arrondissement.

« Le citoyen Billioray, avec cent hommes, est chargé des 9e, 10e et 20e arrondissements.

« Le citoyen Vésinier, avec cinquante hommes, est chargé spécialement des boulevards de la Madeleine à la Bastille.

« Ces citoyens devront s'entendre avec les chefs de barricade pour assurer l'exécution de ces ordres.

« Paris, 3 prairial an 79.

« DELESCLUZE, RÉGÈRE, RANVIER, JOHANNARD, VÉSINIER, BRUNEL, DOMBROWSKI. »

Le chef de la 13me légion, écrit : « Je fais mettre le feu au grenier d'abondance. »

Ferré signe l'ordre suivant : « Faites flamber Finances et venez nous retrouver. »

Voilà l'organisation de l'incendie.

Voici maintenant comment on procédait : Les maisons suspectes étaient désignées au moyen de pains à cacheter, placés sur la porte dans un endroit convenu. Ces pains à cacheter portaient, sur une de leurs faces, un bonnet phrygien, et au-dessous les deux lettres suivantes : V. P. ; ou bien encore B. P. B. Toute maison désignée ainsi par ces initiales, qui sans doute voulaient dire : *Versez pétrole, bon pour brûler*, devaient être préparées pour l'incendie, afin qu'il ne pût y avoir aucun retard, quand l'ordre décisif arriverait.

On préparait l'incendie comme suit :

D'abord, des hommes passaient en courant, annonçant que le quartier allait être livré aux flammes, en engageant les habitants à fuir. Dans certaines rues, ils les empêchaient de s'en aller, en leur disant que le danger devant être le même partout et à la même heure, il était nutile de passer d'un quartier dans un autre; qu'il n'y avait qu'à attendre la mort chez soi. Dans la rue de Vaugirard, ils allèrent encore plus loin. Après avoir annoncé le feu aux habitants, ils placèrent des sentinelles sur les trottoirs, avec l'ordre de tirer sur quiconque tenterait de sortir de sa demeure.

Puis, des femmes ou des enfants passaient, portant un seau, un pot, un récipient quelconque, rempli de pétrole; à l'aide d'une éponge, d'un pinceau, ils enduisaient les portes, les volets du rez-de-chaussée, les boiseries des boutiques. S'ils ne mettaient pas le feu immédiatement, des hommes les suivaient de près avec des torches, qui accomplissaient la sinistre besogne. L'un d'eux, arrêté rue de Poitiers, avoua qu'il recevait dix francs pour chaque foyer d'incendie qu'il allumait.

Il y avait encore un autre système : il consistait à jeter dans les caves, par les soupiraux ouverts sur les rues, une boîte de fer-blanc ou une bouteille contenant une huile minérale quelconque, du phosphore, de la nitro-glycérine, et portant à son embouchure une mèche soufrée, à laquelle on mettait le feu au moment de lancer.

Enfin, restait la bombe à pétrole dont les insurgés firent, durant cette semaine, une consommation considérable. Leurs batteries établies à Belleville, au Père-Lachaise, portaient de la sorte la destruction dans un grand nombre de quartiers. Le feu fut mis ainsi, non-seulement dans des maisons particulières, mais encore dans les monuments. Il fut constaté en outre, qu'aux Tuileries, au Louvre, au Ministère des Finances, à l'Hôtel de Ville, les murs et les parquets avaient été enduits de pétrole.

Si l'on ajoute à ces détails, que la Commune avait formé des compagnies de fuséens, de pétroleurs, de pétroleuses, que tout était combiné afin que femmes et enfants pussent concourir, dans une mesure déterminée, à l'œuvre de destruction, on arrivera à comprendre comment tant d'édifices furent réduits en cendres. Un grand nombre de maisons demeurées debout, portent encore la trace des tentatives heureusement avortées dont elles furent l'objet, et l'on ne peut s'empêcher de frémir, en songeant aux incalculables désastres qui se seraient accomplis, si la Commune avait eu le temps de terminer ses préparatifs. L'entrée de nos troupes, qui fut pour l'insurrection une surprise et la défaite, sauva Paris d'une destruction complète.

Des documents connus à l'heure ou nous écrivons, il résulte que toutes les fois que, devant l'intrépidité des troupes de l'ordre, l'émeute était obligée de reculer, quelques hommes exaspérés s'efforçaient d'incendier le quartier qu'elle abandonnait.

« Repliez-vous, et f..... le feu à la *boîte*, »dit une dépêche partie de l'Hôtel de Ville, dont nous avons le texte sous les yeux.

D'autre part, un ordre avait été donné aux pompiers de ne pas éteindre les incendies, et de se retirer au Champ-de-Mars avec le matériel des pompes. Partout où un homme se présentait pour tenter d'arrêter le sinistre, on faisait feu sur lui. Les pompiers qui étaient arrivés de toutes parts, même de Belgique, les bons citoyens qui s'étaient joints à eux, travaillèrent aux pompes, sous une pluie de projectiles. Au Ministère les Finances, le sauvetage fut interrompu quatre fois par l'intensité de la canonnade des insurgés.

Le génie diabolique qui avait préparé ces plans était tel qu'on trouva sur les lieux mêmes, des individus portant l'uniforme des pompiers, jetant sur les brasiers, soit avec des pompes, soit avec des seaux, des liquides combustibles.

L'acharnement des pétroleurs alla plus loin encore. Ils osèrent accomplir leur besogne, même dans les quartiers perdus par l'insurrection ; c'est là surtout qu'on arrêta les femmes et les enfants que l'on voyait ensuite arriver à Versailles, sans s'expliquer d'abord la cause de leur arrestation. Pour mettre un terme à ces criminelles tentatives, l'autorité militaire ordonna la fermeture de tous les soupiraux des caves ; les incendiaires qui tombaient dans ses mains furent impitoyablement passés par les armes.

Il convient d'ajouter que l'émeute avait aussi placé des mines sur divers points de Paris, et même au dehors. Les explosions survenues à l'École d'état-major, rue de Grenelle, au jardin du Luxembourg, au fort de Bicêtre, ne le prouvent que trop. Elle espérait accroître les ruines, la terreur, le trouble général sur lesquels les membres de la Commune comptaient pour arrêter la marche des Versaillais et protéger leur propre fuite. Le fort de Vincennes lui-même avait été miné. La mèche fut, dit-on, découverte et coupée par les Allemands.

Après avoir préparé de la sorte la destruction de Paris, les chefs de l'émeute s'arrêtèrent un moment à la pensée de se soustraire à la responsabilité de ces désastres, en accusant les troupes d'en être les auteurs. On trouve dans le dernier numéro de leur *Journal officiel* une note dans laquelle les soldats de l'ordre sont qualifiés « d'incendiaires. » Une telle audace demeura sans résultats, car les criminels eux-mêmes se dénoncèrent. La plupart, d'ailleurs, furent pris en flagrant délit.

Est-il besoin d'ajouter que plus d'une vengeance personnelle trouva à s'exercer parmi de si terrifiantes catastrophes ?

L'incendie commença dans la soirée du mardi, aux Tuileries. Ce monument était désigné depuis longtemps par la Commune aux fureurs de ses partisans. Lorsque les batteries de l'Arc-de-Triomphe et du Corps législatif eurent démonté les pièces rangées devant le Palais, les insurgés, comprenant qu'ils ne pouvaient plus tenir, firent promener les torches à l'intérieur de l'édifice. Puis, se déployant en tirailleurs dans le jardin, ils se préparèrent à disputer le passage le plus longtemps possible, afin qu'on ne pût arriver aux flammes que lorsque elles auraient atteint leur plus grande intensité. Le vieux palais des rois de France brûla toute la nuit, éclairant la fusillade de ses rouges reflets, et lorsqu'on put arrêter le feu, ce n'étaient plus que ruines fumantes. Et cependant, un soupir de soulagement s'échappait de toutes les poitrines : c'est qu'on avait sauvé le Louvre, à l'exception seulement de la bibliothèque, qui fut anéantie ; quant au musée, il était intact. C'était moins pour les pierres du Palais que pour les richesses artistiques qu'il renferme, que la France avait tremblé.

Une tentative d'incendie avait eu lieu, à la même
eure, au Ministère de la marine, en vertu d'un ordre
mis au commandant Brunel, approuvé par lui, et
nsi conçu : « Dans un quart d'heure les Tuileries sent en feu. Aussitôt que nos blessés seront enlevés,
us ferez sauter le ministère. »

Cette tentative fut arrêtée par le ministre lui-même,
miral Pothuau. A la tête de quelques marins, il se
écipita dans son ministère et surprit les bandits au
oment où ils entreprenaient leur besogne. Les uns
enfuirent, Brunel en tête, les autres furent passés
r les armes et leurs projets avortèrent au moins sur
point. En même temps, une inspiration lumineuse
pelait la sollicitude de l'amiral sur la bibliothèque
tionale ; pressentant qu'elle serait infailliblement dé-
uite, si un suprême effort n'était fait, il dirigea ses
arins sur la rue Richelieu, et fort heureusement ils
rivèrent à temps.

Par malheur, si rapide que fût la marche de nos
oupes dans ce Paris qui commençait à s'embraser
e ne le fut point assez pour prévenir de nouveaux
sastres. La lutte était vive. La barricade de la rue
int-Florentin enlevée, les insurgés s'étaient retran-
és et fortifiés dans le Ministère des finances ; par
s nombreuses croisées de l'édifice, ils faisaient feu
r les troupes. Ils défendaient avec acharnement les
uileries en train de se consumer. Ils dirigeaient, au
oyen de pompes, des jets de pétrole sur les sol-
ts. La bataille devenait plus sanglante le mercredi
atin, après avoir duré toute la nuit.

Tout à coup, vers dix heures, de noires colonnes de

5

fumée s'élèvent au-dessus de Paris, éparses d'abord, puis se confondent, s'épaississant jusqu'à voiler la lumière du soleil. Tous les incendies venaient d'éclater à la fois ; au Ministère des finances, au Palais-Royal, à l'Hôtel de Ville, à la Préfecture de police, au Palais de Justice, au théâtre Lyrique, dans la rue du Bac, dans la rue de Lille, dans la rue Vavin, à la Croix-Rouge, au Conseil d'État, à la Légion d'honneur, à la Caisse des dépôts et consignations, et dans un grand nombre de maisons particulières de faubourg Saint-Germain et du faubourg Saint-Honoré. Quel spectacle effroyable ! à travers les nuages du fumée, les flammes se font jour. Le ciel est embrasé. Le feu forme un cercle immense ayant pour centre les Tuileries qui vomissent encore des flammes. La rue Royale brûle sur le côté gauche ; on entend des cris épouvantables, et quand la maison qui forme l'angle de la rue et du Faubourg-Saint-Honoré, s'effondre avec fracas, le bruit se répand que douze malheureux sont ensevelis sous ses décombres. Un incendie est allumé dans la rue Boissy-d'Anglas. Ce sont les fédérés qui ont fait le coup, en fuyant cette rue, où ils ont tenu quatre heures.

« La torche des incendiaires, dit la *Patrie*, a fait là une victime bien innocente et chère aux amis des arts et de l'archéologie.

« L. Laurens, l'auteur et le graveur du *Vieux Paris historique*, enfermé dans les flammes, et obligé de défendre sa vie, n'a rien pu sauver de son œuvre ; dessins originaux, planches gravées à l'eau forte, épreuves avant la lettre, tout a disparu dans l'effondrement effroyable de la maison qu'il habitait. Blessé d'un coup le baïonnette à la main, la figure brûlée et les vêtements en désordre, on l'a vu fuir, poursuivi par un fédéré, déguisé en marin, qui servait la mitrailleuse dirigée contre l'immeuble. Depuis, on n'a plus eu de ses nouvelles, et ceux qui pourraient connaître *son adresse actuelle* rendraient un grand service à ses amis et aux appréciateurs de ses beaux travaux. »

Peu à peu, dans cette même journée du mercredi, les incendies naissent sur divers points de Paris, avenue Victoria, boulevard de Sébastopol, rue Saint-Martin, au Château-d'Eau, rue Saint-Antoine, rue de Rivoli : il faudrait citer la moitié des grandes rues de tous les quartiers.

Partout, le sinistre se complique de détails odieux ou lamentables.

A la Caisse des dépôts et consignations, la lingère de l'administration est surprise par les flammes. La malheureuse, folle de terreur, se précipite par la fenêtre et vient se briser le crâne sur le pavé.

Dans la rue de Lille, le feu est mis d'abord chez une blanchisseuse par un serrurier qui avait des griefs contre elle. Les femmes du quartier n'ont que le temps de fuir. Mais, sur leur route, au coin de la rue des Saints-Pères et de la rue Jacob, elles rencontrent une barricade où le passage leur est impitoyablement refusé. Elles sont obligées de se réfugier dans les maisons environnantes, qui, par bonheur ne brûlent pas.

Rue de Rivoli, sous le numéro 79, existait une splendide maison appartenant à un avocat bien connu, M. Dutard, et dont le premier étage était habité par M. de La Combe, ancien maire du premier arrondissement. Au moment où les insurgés étaient chassés des Tuileries, un officier de la Commune, suivi d'une forte escouade, se présente chez le concierge, lui enjoint de monter devant lui jusqu'au premier étage, déclarant qu'il va mettre le feu. En vain le concierge, deux femmes qui se trouvaient là, veulent s'opposer à cette action criminelle. On leur impose silence ; on les menace ; on les frappe. Chez M. de La Combe, les bandits répandent du pétrole sur les meubles, allument le feu, et disparaissent, en prétendant que personne ne doit quitter la maison. Les locataires se précipitent dans les escaliers, éperdus, affolés, n'osant sortir, sachant quel guet-apens les attend dans la rue. Fort heureusement, la troupe vient les délivrer ; mais l'immeuble ne peut être sauvé et s'abîme bientôt dans les flammes qui l'ont dévoré.

M. Nachmann père, papetier sur le boulevard du Prince-Eugène, était resté seul à Paris, son âge le dispensant de servir dans la garde nationale. A neuf heures et demie du soir, une douzaine de fédérés frappent violemment à sa porte. Il ouvre ; sans plus de façons, ils lui annoncent qu'ils vont mettre le feu à sa maison. M. Nachmann refuse de les laisser entrer ; ils s'éloignent pour revenir bientôt après avec un capitaine, qui répond aux prières du malheureux papetier, en lui exhibant un ordre d'incendie signé du général Bergeret. M. Nachmann cède devant les menaces ; les gardes nationaux montent dans les étages supérieurs, où ils mettent le feu aux parquets après les avoir inondés de pétrole.

On pourrait citer cent épisodes semblables, qui mon-

ent les insurgés venant à l'improviste allumer l'in-
ndie, maltraitant les habitants des maisons qu'ils
ont brûler, voulant la plupart du temps s'opposer à
ur fuite, tirant sur quiconque essaye d'orga-
ser le sauvetage, ou d'emporter quelque objet pré-
eux, quelque cher souvenir, quelques papiers de
mille.

Au théâtre de la Porte-Saint-Martin, l'incendie est
récédé d'un événement tragique. Les insurgés char-
és de la besogne s'occupent aussi de mettre en état
e défense une barricade qui ferme l'entrée de la rue
e Bondy derrière le théâtre, et contre laquelle les
ersaillais dirigent un tir continu. Quelques hommes
e sont installés dans les salons du restaurant Ron-
ray, au coin de la rue et du boulevard. Ils sont ivres,
rossiers, exigeants. Ils veulent d'abord qu'on prenne
s armes pour leur cause, puis qu'on les laisse tirer
ur les croisées, puis encore qu'on leur fournisse des
eubles et des matelas pour leurs barricades. Le maître
e l'établissement s'est armé de patience, bien qu'il
ouffre de voir sa maison livrée à des bandits dont
a pressenti les projets. Il les suit, défend ses meu-
es qu'on veut piller, ses vins qu'on veut boire. Mais,
s grossièretés, ces hommes passent à l'injure et aux
enaces. M. Ronceray n'y tient plus; il s'emporte, il
appe l'un d'eux. C'est le signal d'un massacre gé-
éral. Il est tué le premier ; après lui, sa famille, son
ersonnel ne sont pas épargnés. Quand le crime est
onsommé, qu'il n'y a plus rien à tuer, les gardes na-
onaux mettent le feu à la maison, au théâtre qui la
ouche et disparaissent ensuite.

A huit heures du soir, les rares habitants qui ne sont point dans leurs caves voient les premières lueurs de l'incendie. Aussitôt plusieurs pompes à incendie sont amenées par eux, et tous rivalisent de courage et d'activité, sous les nuées de projectiles qui viennent s'abattre rue de Bondy et sur le boulevard Saint-Martin, en faisant de nombreuses victimes. Les fédérés, embusqués au coin de la rue Bouchardon, tirent aussi sur les courageux citoyens qui entrent ou sortent du théâtre pour coopérer au sauvetage. Vers deux heures du matin, ce qu'on craignait arrive : le feu prend de l'autre côté de la rue de Bondy. Les bâtiments voisins étant des constructions des plus légères, le danger devient plus menaçant que jamais, et il ne faut rien moins qu'une téméraire vaillance pour circonscrire ce vaste brasier.

Ce quartier fut d'ailleurs particulièrement éprouvé par le bombardement qu'il eut à subir et par les circonstances dramatiques qui précédèrent l'incendie.

Nous avons extrait d'une lettre adressée au *Figaro* le récit suivant, qui est un tableau fidèle de ce qui se passa non-seulement sur ce point, mais encore dans un grand nombre de quartiers ;

« Pris entre plusieurs feux, écrasés d'obus, les habitants n'osaient sortir ni se montrer. Couchés à plat ventre, ils épiaient les péripéties de la bataille avec une anxiété cruelle. Dans certaines maisons, ils étaient descendus pour garder la porte. Vers onze heures, on frappe rudement à celle derrière laquelle était réfugié l'ami dont je suis l'interprète. Silence complet. On frappe encore, même jeu.

« — Au nom de la loi ! hurle une voix avinée.

« Les crosses de fusil résonnèrent contre la porte
rebelle, et, dans un moment de surprise, elle fut ouverte et livra passage au commandant suivi d'une horde
de sauvages.

« — Vous allez déguerpir tout de suite, dit-il.

« Mouvements et prières des femmes.

« — Vous avez dix minutes pour vous préparer,
car nous avons ordre d'incendier la maison.

« Tant bien que mal, les malheureux firent à la hâte
un paquet de quelques hardes, prirent les objets précieux qui se pouvaient emporter, et se disposèrent à
fuir. Pendant ce temps, des hommes — des hommes !
— badigeonnaient gravement les murailles avec du
pétrole, et d'autres arrosaient l'extérieur avec de petites
pompes. Des lampes, disposées exprès, allaient de plus
être placées sous les lits aux différents étages. Les
habitants partirent. Il était minuit ! Les balles sifflaient ;
mille obstacles se dressaient devant eux ; on leur refu-
sait le passage. Certains gardes voulaient les conduire
à la mairie comme otages. C'était la mort assurée. Ils
préférèrent braver l'inconnu. Derrière eux, leur maison
crépitait sous les morsures de l'acide, pendant que le
petit théâtre des Délassements finissait, lui aussi,
comme finissent les théâtres sous la Commune.

« Mon ami et les siens purent, à travers des périls
sans nombre, arriver à un refuge chèrement payé. A
la même heure, les femmes des fédérés se partageaient
les dépouilles nombreuses qu'en vraies bêtes fauves
elles avaient flairées, et que, de concert avec les bandits de l'Hôtel de Ville, elles avaient volées. »

Maintenant, qu'on se figure les malheureux Parisiens

fuyant à travers ces flammes meurtrières, au-dessus desquelles se croisent les balles et les boulets ; les cris des enfants et des femmes ; dans les maisons qui commencent à brûler, des citoyens courageux essayant d'éteindre le foyer naissant et voyant briser dans leurs mains, par les fusils des fédérés, jusqu'aux ustensiles dans lesquels ils vont chercher l'eau ; dans les maisons non atteintes, les mères anxieuses, tremblantes, et les hommes énergiques, prêts à tout, marchant le revolver ou le fusil à la main, devant leur porte ou devant des brèches que la veille les émeutiers sont venus pratiquer dans les cours, montant la garde afin de défendre ce qui leur est cher contre les incendiaires ; puis un air empesté par la fumée, par les matières qui brûlent, par je ne sais quelle corruption qui est dans tout ; l'impossibilité d'avoir des vivres, la défiance croissante des uns envers les autres ; personne n'osant affirmer que son voisin n'est pas son ennemi ; le ciel rouge éclairant la bataille la plus meurtrière, les épisodes les plus sanglants qui se virent jamais ; qu'on se figure toutes ces choses, et l'on aura à peine un tableau approchant du tableau réel que présente Paris de cette journée du mercredi au samedi suivant.

Toutes les nuits, les populations des environs se pressaient sur les hauteurs qui entourent la capitale pour contempler ce spectacle. Vu à distance, il n'était pas moins affreux que vu de près. Ceux qui ont pu contempler les éruptions du Vésuve pourront se faire une idée de ce sinistre tableau. D'effroyables lueurs se projetaient sur les bois, les eaux et les plaines, avec des splendeurs d'aurore boréale. Tout

tait embrasé. On voyait des jets lumineux, mêlés d'é-
tncelles et de bruits d'explosion. Dans la nuit du ven-
redi au samedi, où brûlèrent les docks de la Villette,
e grenier d'abondance, les Gobelins, l'éclat empourpré
les cieux fut tel, qu'il était facile de lire un journal
lux portes de Versailles, du côté de Viroflay et de
Ville-d'Avray.

On ne nous demandera pas l'énumération des monuments qui furent consumés durant ces maudites jour-
tées. Cette énumération est déjà ou sera prochaine-
ment l'objet de publications spéciales. Nous nous bor-
terons à quelques traits propres à fixer sur l'importance
les pertes subies, en dehors du caractère historique
u artistique des édifices disparus.

A ce point de vue, le désastre du Ministère des
finances est irréparable, et atteint autant les intérêts
privés que ceux de l'État. Outre l'administration centrale, comprenant le secrétariat des finances, le con-
tentieux, la comptabilité générale, la dette inscrite, le
mouvement des fonds, le contrôle et la caisse centrale
du Trésor, il y avait là le siége des directions générales
des domaines, des contributions directes et indirectes,
de la direction des manufactures de l'État, enfin de la
direction des forêts et de celle des douanes. A l'exception de quelques documents qui purent être précipi-
tamment enlevés, toutes les archives de ces administrations sont aujourd'hui détruites, tous les dossiers
concernant l'innombrable personnel des agents finan-
ciers de toute la France, à jamais anéantis.

Par bonheur, le grand-livre de la dette publique,
représenté par dix-huit cents volumes, fut préservé,

5.

grâce à l'énergie de deux agents des finances, MM. de Colmont et de Bray, qui l'allèrent chercher, aidés par des soldats, jusque dans les flammes. Des titres de rente déposés au Trésor par les particuliers, en vue des échéances du 12 mars et 1er avril, furent également sauvés, en même temps que les papiers de la Commune, laissés là par les délégués Varlin et Jourde, et remplis de révélations précieuses.

Au Palais-Royal, il n'y eut de détruit que le palais proprement dit. Les galeries, le Théâtre-Français ne furent pas atteints, grâce au courage de quelques hommes énergiques. Le *Constitutionnel* a publié sur cet événement les notes d'un témoin oculaire qui doivent trouver place ici :

« Le jour du sinistre qui éclata vers trois heures et demie, un commerçant du Palais-Royal, M. Émile Le Saché, accourut en toute hâte pour offrir ses services. Un communeux, capitaine ou lieutenant, barbe et moustaches rouges, menaça de tirer sur lui s'il ne se retirait en toute hâte ; il ajouta que le quartier allait sauter et qu'il fallait que tout brûlât. Cependant, malgré ses menaces, deux pompes furent mises en fonctions par les habitants du voisinage. Il était quatre heures. Pas d'eau dans la cour des Fontaines ; il fallut faire la chaîne dans le passage conduisant à la cour d'honneur.

« Une échelle est placée sur le mur pour atteindre la terrasse de la rue de Valois ; la menace des insurgés de faire feu est tellement précise qu'il faut renoncer à sauver le pavillon de ce côté. Le feu et la fumée sortent des trois croisées au-dessus de la terrasse n° 17.

Au milieu de coups de feu tirés de la barricade de la rue de Rivoli, on parvient à éteindre l'incendie allumé de ce côté. A cinq heures, M. C. Sauve, capitaine au long cours, accompagné d'une escouade de braves garçons maçons, établissait une pompe dans la cour d'honneur et parvenait à sauver une grande quantité de tableaux, marbres précieux, meubles, tentures, etc. Les chaînes se forment; malheureusement l'eau ne fournissait pas : les tuyaux avaient été coupés; les misérables avaient tout prévu pour la destruction. A sept heures, M. Bessignet fils accourt avec quatre pompiers de Paris. Mais déjà le pavillon n° 1, premier foyer d'incendie, est entièrement consumé.

« A l'arrivée des pompiers, on combat le feu du pavillon n° 2, pour l'empêcher de se communiquer aux appartements de la princesse Clotilde. La flamme atteint six croisées de la façade, du côté de la place. M. Lebrou, pharmacien, parcourt le quartier appelant des secours; il revient faire le service de pompier, en tenant la lance, le caporal étant accablé de chaleur et de fatigues. Ici encore, sauvetage de tous les meubles de la chapelle avec tous ses ornements d'église. La porte était sous scellés.

« Enfin, à huit heures, la ligne arrive. « Vive la ligne! — crie-t-on de toutes parts, — Vive la France! » On faisait des signaux avec un drapeau d'ambulance.

On était sauvé.

« On commence à se reconnaître : on procède avec plus de calme et d'ensemble. On cherche le moyen d'attaquer le feu par en haut, c'est-à-dire par le deuxième étage ou par les toits. Le feu gagne toujours du côté du théâtre ; là est le grand danger. Si le théâtre est atteint, c'en est fait peut-être de tout le quartier. Alors on eut l'idée d'attaquer le feu par le théâtre même, et de se servir de ses tuyaux pour arrêter les progrès de l'incendie. M. Le Saché se met à la tête de ce mouvement. Monté sur la toiture, accompagné du maître machiniste, il est obligé de se cacher, pour éviter les balles lancées par les communeux postés dans les combles de l'hôtel du Louvre. Bravant le danger, les pompiers sapent la toiture ; l'eau arrive enfin... il était temps !

« A dix heures, des compagnies de la Banque, 12ᵉ bataillon (garde nationale), arrivent. Les fédérés sont mis en fuite. Alors, trente sapeurs-pompiers de Paris accourent au pas de course et se rendent maîtres du feu. Une heure plus tôt, ils auraient tout sauvé. Les habitants du quartier, patrons, ouvriers, femmes, enfants, ont fait preuve du plus grand dévouement. Les noms de MM. Dubreuil, Plançon, sans parler de ceux déjà mentionnés, sont les premiers qui se présentent au souvenir du témoin oculaire, dont nous classons les notes un peu à la hâte. »

Aux Tuileries, la partie qui regarde le bord de l'eau fut seule préservée. Partout ailleurs, entre les murs debout, dômes et plafonds s'effondrèrent avec un terrible fracas. Dans certaines de leurs parties, les façades extérieures, les statues et les frises qui les décoraient, ont été conservées. La bibliothèque du Louvre fut anéantie. Quant au Musée, s'il ne brûla pas, ce ne fut point par la faute des insurgés, mais uniquement parce qu'en arrivant aux parties neuves du vieil édifice, les flammes s'arrêtèrent d'elles-mêmes, impuissantes à mordre ces solides murs, et n'y laissèrent d'autres traces de leur passage que des taches noires. Le Musée courut cependant, alors qu'on le croyait sauvé, un danger nouveau. En entrant dans le Louvre, les troupes hissèrent sur le pavillon de l'horloge le drapeau tricolore. Ce drapeau devint aussitôt le point de mire des canonniers fédérés. Pour faire cesser ce feu destructeur, il fallut retirer le drapeau.

Le vaste bâtiment qui contenait à la fois le Conseil d'État et la Cour des comptes, fut notablement dévasté. Néanmoins, les murs pourront, en partie, servir dans le gros œuvre de la reconstruction. Mais la perte qui ne saurait être réparée, c'est celle des dossiers considérables déposés aux archives de la Cour et du Conseil, et qui constituaient des documents précieux pour l'histoire des finances et de la législation de la France.

Les incendiaires qui voulaient brûler la Sainte-Chapelle et Notre-Dame ne devaient pas respecter davantage le palais de la Légion d'honneur, cette merveille d'art, unique en son genre, et l'un des monuments de l'architecture française. Par bonheur, les dessins et les plans qui ont servi à sa construction ont été conservés, et grâce à une souscription que les légionnaires ont ouverte entre eux, le gracieux palais sera relevé tel qu'il était avant l'incendie.

Nous ne parlerons ici ni du Palais de Justice qui est à refaire, et dans l'incendie duquel ont disparu d'innombrables casiers judiciaires, ni de la Préfecture de police où le feu fut allumé par le délégué de la Commune, Ferré, qu'aidait dans sa tâche une bande d'hommes ivres, qui ne se dispersa qu'après avoir fusillé un détenu nommé Vaisset et précipité son cadavre dans la Seine ; ni des Docks de la Villette et des Magasins de la douane, où furent consumées des marchandises d'un prix total de plusieurs millions. Ce sont là des désastres minimes, eu égard à l'incendie de l'Hôtel de Ville. Ce n'est pas seulement l'œuvre artistique qu'il faut regretter, c'est surtout le berceau de l'histoire municipale et révolutionnaire de Paris ; c'est l'énorme collection des actes de l'état civil que le feu détruisait là, en même temps qu'il consumait au Palais de Justice la copie de ces actes qui y était déposée.

L'Hôtel de Ville ! témoin de toutes les grandeurs, de toutes les gloires, de toutes les tragédies de Paris, il semble que les insurgés eux-mêmes auraient dû l'épargner, puisque c'est là qu'ils avaient vécu, discuté, légiféré, décrété. Le feu fut allumé par ordre du Comité de salut public, au moment où il se vit forcé de fuir devant l'armée, pour aller se réfugier d'abord à l'École des Chartes, qui dut à cette circonstance de n'être point livrée aux flammes, et de là, à la mairie de Belleville. Cinq bataillons de la garde nationale, les 187e, 57e, 156e, 178e et 184e, composés des soutiens les plus acharnés du pouvoir qui sombrait, restèrent là pour empêcher les secours d'approcher. Il fallut, pour conquérir sur eux ce brasier, les y précipiter ; ils ne livrèrent que des murs incendiés.

Mais le feu avait été plus clément que ces Vandales, et lorsqu'il s'éteignit, il laissa debout une des plus admirables choses qui se puissent contempler, une ruine splendide, digne de rester telle au milieu d'une grande capitale, afin d'y inspirer aux générations futures l'horreur des révolutions capables de consommer de semblables crimes.

Les incendiaires, nous l'avons dit, étaient décidés à ne rien respecter. Ils menacèrent, pendant deux jours, les Magasins-Réunis, dans lesquels était établie une ambulance comptant cinq cents blessés. Il fallut toute l'énergie du directeur, M. Jahyer, pour obtenir au moins le temps de transporter ailleurs ces malheureux. Ils tentèrent d'incendier l'Hôtel-Dieu sans avertissement préalable. Obligés de reculer devant l'attitude énergique, indignée du personnel de l'hôpital, ils se rendirent à Notre-Dame, y allumèrent trois brasiers qui, fort heureusement, furent découverts et éteints à temps.

Les Archives, l'Imprimerie nationale, la Bibliothèque Mazarine furent préservées grâce à l'énergie de MM. Alfred Maury, Hauréau et Charles Asselineau. Chacun de ces messieurs avait conservé son service, à ses risques et périls, malgré la Commune. A l'hôtel des Postes, ce fut le fonctionnaire qu'elle y avait installé, M. Theiz, qui résista aux incendiaires. On a raconté depuis qu'ils le fusillèrent. A l'heure où nous écrivons ce récit, son sort ne nous est pas encore connu.

Un fait identique se produisit à la Banque, où le délégué Beslay, au témoignage même du marquis de Plœuc, sous-gouverneur de ce grand établissement financier, ne cessa, pendant la durée de ses pouvoirs et jusqu'au dernier moment, de déployer ses efforts pour soustraire les trésors enfouis là à l'avidité de la Commune. Il faut ajouter toutefois que la résistance ι appuyée par le personnel de la Banque, armé, formant un bataillon énergique et dévoué.

Au Luxembourg, le mercredi, après l'explosion de la poudrière située dans les jardins, et qui fut pour la rue Vavin un véritable désastre, tous les employés de la Commune disparurent. La nuit suivante, quatre individus, chargés de bonbonnes de pétrole, vinrent s'installer dans l'appartement du rez-de-chaussée, qu'occupait autrefois le grand référendaire du Sénat, et de là, donnèrent immédiatement des ordres afin que les six cents blessés qui occupaient les galeries et les salles du palais fussent évacués sur-le-champ. En même temps, ils se préparaient à jeter le pétrole dont ils s'étaient munis, dans les caves, sans se préoccuper autrement des malheureux malades. C'est à ce moment que les troupes de la brigade Paturel envahirent l'édifice, et arrêtèrent ces malfaiteurs, qui furent immédiatement fusillés. Ils avaient aussi voulu mettre le feu dans les communs du palais, rue de Vaugirard. Mais les hommes de service leur interdirent l'entrée et firent bonne garde jusqu'à l'arrivée du 17e bataillon de chasseurs à pied, qui enleva à la baïonnette la barricade de la rue Bonaparte et les délivra.

C'est ainsi que l'habileté, le courage de quelques bons citoyens préservèrent la plus grande partie des monuments et des maisons dont les insurgés avaient résolu la destruction. Mais si Paris n'a pas été réduit en cendres dans la dernière semaine du mois de mai, on le doit d'abord à la rapidité de la marche de nos soldats, et ensuite au concours des pompiers français accourus de tous les départements voisins, et des pompiers belges venus au premier appel de Bruxelles, de Malines et d'Anvers. Ceux de Londres étaient prêts à partir, mais leur concours ne fut pas jugé nécessaire.

Ces braves gens, avec une vaillance, une dextérité, une persistance merveilleuse, organisèrent les secours sous la mitraille et sauvèrent Paris.

Quant aux incendiaires, tant qu'il y eut un point de Paris où il leur fut possible d'agir, ils agirent avec une fureur de destruction qui obligea l'armée aux répressions les plus terribles. Un chiffre suffira à faire mesurer l'étendue de leur crime. Sans parler des monuments publics, ni de ce que fut dans treize arrondissements le résultat de leur ardeur à brûler, ils incendièrent dans les cinq autres, — les Ve, VIe, VIIe, XIVe et XVe, — cent trente-deux maisons dans un délai de trois jours. Même traqués de tous les côtés, ils s'efforcent encore de brûler, et au bureau de poste de la rue Saint-Lazare, qui fut le premier ouvert aux Parisiens, il fallut placer un factionnaire et le charger de jeter lui-même les lettres dans la boîte, de peur qu'un incendiaire n'usât de ce moyen pour répandre du pétrole et détruire le quartier.

Prisonniers, ces misérables conservèrent leur audace, leur cynisme. Aux abords de Ville-d'Avray, une femme, arrêtée en flagrant délit d'incendie et placée dans un convoi de mille huit cents insurgés, tua, à l'aide d'un revolver qu'elle avait su cacher sur elle, le capitaine commandant l'escorte. Au camp de Satory, où tous ces misérables étaient conduits, il fallut, pour les intimider, braquer des mitrailleuses sur leurs baraquements.

V.

A dater du mercredi 24 mai, ce fut aux lueurs du formidable incendie dont nous venons de raconter les effets et la physionomie, que la bataille des rues continua. Nous n'en décrirons pas toutes les péripéties. L'admirable plan dont l'exécution, plus admirable encore, mit, en moins de huit jours, Paris tout entier aux mains de l'armée française, avait pour but de refouler les insurgés vers Belleville, de les y cerner et de les écraser là, d'un seul coup, dans le quartier qui fut leur berceau.

Voici, en quelques pages, comment le mouvement s'exécuta. Le 24, les divisions Lacretelle et Bruat enlevèrent tout le faubourg Saint-Germain, pendant que la division Susbielle se dirigeait vers le Panthéon et le Luxembourg. « A deux heures, dit une lettre adressée par un officier au *Soir,* la brigade Paturel, formée en trois colonnes, s'élance sur le jardin du Luxembourg par les portes du jardin qui donnent sur la rue d'Assas et la rue de Vaugirard. Le colonel Biadelli, à droite, enlève l'École des mines, et étend ses tirailleurs le long des grilles de la rue de Médicis. Le 17e bataillon de chasseurs à pied parcourt au pas de course le jardin, arrive à la grille de la rue Soufflot, et là, sous une grêle de balles et d'obus lancés du Panthéon, de la rue Soufflot et de ses barricades, enfonce la grille, enlève la barricade qui y fait face, prend deux mitrailleuses et envahit le boulevard Saint-Michel, en garnissant les barricades des rues Cujas et Mallebranche.

« A cet instant, les insurgés, débusqués de la Croix-Rouge par le général Lacretelle, garnissent le boulevard Saint-Michel et les barricades qui le coupent, et prennent à revers nos positions. Il faut à tout prix les contenir malgré le feu qui vient de tous côtés. Les mouvements qui se font à notre gauche et à notre droite sont combinés avec le nôtre. Nous restons là une heure sous un feu terrible. C'est à cet instant que le brave général Paturel, avec le sang-froid que tout le monde lui connaît, fut atteint d'un coup de feu à la jambe. Se promenant au milieu du boulevard Saint-Michel, malgré la fusillade qui le balayait, il faisait occuper les points qui lui paraissaient les plus importants, allant lui-même à chaque barricade. Au même instant, le colonel du 38e de ligne, Biadelli, était blessé aussi.

« Mais la fusillade augmente à notre droite, et annonce l'approche du général Bocher. Sur notre gauche, le boulevard Saint-Michel cesse son feu. Nos hommes n'y tiennent plus, ils ont hâte de venger leurs chefs ; ils s'élancent alors par les rues Soufflot, Cujas et Mallebranche, abordent de front les barricades, les enlèvent, et se joignent à la colonne Bocher, qui débouche par les rues Royer-Collard et d'Ulm ; ils enlèvent à la baïonnette le Panthéon, que l'ennemi s'obstine à défendre.

« Vous ne pouvez vous figurer l'élan de nos troupes, et aussi leur colère. Ces incendies, ces destructions insensées dont chaque rue porte les traces, les ont rendues féroces. Aussi, quel affreux carnage! La place du Panthéon est jonchée de morts, et les portes des maisons en sont encombrées. »

Deux jours après, toutes ces troupes passaient la Seine à Bercy après avoir abattu les obstacles qui s'opposaient à leur marche, et rejoignaient dans la direction de la Bastille celles qui venaient d'opérer sur la rive droite et qui allaient se diriger vers Belleville.

Celles-ci avaient eu de très-rudes combats à soutenir.

Ce ne fut qu'après une violente lutte, dans laquelle l'église Saint-Eustache eut à souffrir horriblement, que l'insurrection se vit forcée d'évacuer le quartier des Halles. Désormais, nos braves soldats ne lui laisseront plus de répit. C'est la baïonnette dans les reins qu'ils poursuivront les émeutiers, dans le quartier du Marais, au boulevard Beaumarchais, à la barrière d'Italie, où le général de Cissey fait cinq mille prisonniers ; au Château-d'Eau, où des barricades formidables sont défendues avec acharnement, intrépidement franchies, et où le général Leroy de Dais est tué ; à la gare de Lyon, à la prison de Mazas, à la Bastille, où le 26e bataillon de chasseurs à pied perd son commandant, M. de Ségoyer, que les insurgés font prisonnier et qu'ils brûlent vif, assure-t-on, après l'avoir enduit de pétrole.

Cet épisode, que, vrai ou faux, les habitants du quartier racontent aux soldats, redouble la fureur de ceux-ci. Malheur à qui tombe sous leurs vaillantes mains ! A quiconque est pris en combattant contre eux, pas de quartier !

A mesure qu'on avance dans les faubourgs qui conduisent à Belleville, les barricades deviennent plus nombreuses. Il y en a dans toutes les rues. Elles sont défendues par les canons qui les garnissent, et par les maisons qui les avoisinent, où l'émeute s'est fortifiée. La rage froide des soldats a raison de ces citadelles improvisées. Ils fouillent tous les étages, faisant monter les concierges avec eux, après leur avoir demandé des renseignements sur le nombre et l'état des locataires, les fusillant s'ils ont menti.

C'est alors qu'on voit des femmes s'approcher des troupes, le sourire aux lèvres, leur distribuer du pain et du vin. On s'aperçoit vite que ces vivres sont empoisonnés. Défense est faite aux soldats de rien recevoir des mains des habitants. On parle même de cigares trempés dans des liquides corrosifs. Des officiers sont tués par des femmes. Ces traits, qui démontrent la férocité de l'émeute, le récit du massacre des otages dont nous aurons à reparler, ajoutent à la fureur de l'armée. Elle a mesuré l'infamie de ceux qu'elle combat.

Un général insurgé, vêtu d'habits bourgeois, est fait prisonnier. On va le fusiller. Il offre 1,000 francs à qui le sauvera. On lui rit au nez et on le passe par les armes. Ces dernières heures de la lutte ont des côtés épouvantables, des épisodes terrifiants.

Cependant on est arrivé devant Belleville. Là, il y a une minute de répit. La troupe la consacre à un repos nécessaire et si chèrement acheté. Les insurgés se fortifient encore. Le samedi soir le combat recommence. Jamais, on n'en vit de plus meurtrier ni de plus sanglant.

« Chaque rue, chaque ruelle, chaque maison, pour ainsi dire, a été enlevée d'assaut, sous des grêles de balles, dit un journal. Les bandits se donnaient à peine le temps de tirer : grâce à cela, nos pertes ont été beaucoup moindres qu'on ne l'avait craint. Leur repaire s'effondre complétement. Les maisons mal construites de ce quartier s'écroulent successivement. Les insurgés eux-mêmes y mettent le feu pour protéger leur retraite sur le Père-Lachaise.

« Un détail horrible : Un jeune officier dont je n'ai pu savoir le nom, entre avec quelques hommes pour faire une perquisition dans une maison par laquelle on vient de tirer. Il est arrêté à la porte par une femme en pleurs qui se jette à ses pieds et l'entoure de ses bras, tout en le poussant dans l'allée :

« — Mon fils est dans la maison, il a été forcé de se battre, ne le tuez pas !

« — Faites-le descendre, nous verrons. » La femme se rejette dans l'escalier ; l'officier fait signe à ses hommes et veut la suivre. Tout à coup il se sent atteint par une douleur horrible et se voit environné de flammes.

« Pendant que cette femme l'occupait, une autre, cachée dans l'allée, avait versé du pétrole sur sa capote et y avait mis le feu. Les hommes se précipitent sur leur officier, lui arrachent les débris de ses vêtements, mais le malheureux succombe deux heures après à la suite de ses horribles brûlures. »

La *Liberté* raconte comme suit les diverses péribéties de la lutte à la pointe extrême de Belleville :

« Le jour se lève sur environ huit cents insurgés qui occupent la place : c'est la crème. Tous les bandits de la Commune, les exaltés, les énergumènes sont venus, traqués de tous côtés, chercher là un dernier refuge, le plus grand nombre la mort ; un certain nombre paraît plus ignoble que les autres, coiffés qu'ils sont du bonnet rouge.

« Dans la matinée, un jeune garçon qui voulait passer, muni d'un sauf-conduit en règle, tombe dans les mains de ces forcenés qui veulent le fusiller ; c'est à grand'peine que le colonel Du Bisson et quelques habitants parviennent à l'arracher au supplice qui l'attendait.

« Qui ne se souvient encore du formidable bombardement que Montmartre dirigeait alors sur Belleville ? Affolés par cette trombe de mitraille et d'obus qui les écrase, les insurgés ne connaissent bientôt plus de chefs ; leur rage a besoin de s'assouvir, il leur faut du sang. Ils arrêtent Du Bisson qu'ils accusent de les avoir trahis ; ils le relâchent pour le reprendre ensuite et l'emmener on ne sait où. Quelques instants plus tard, leur rage, toujours croissante, s'abattait sur un de leurs lieutenants, qu'ils fusillaient, séance tenante, comme traître.

« L'heure du suprême châtiment approchait pour eux : la batterie de Bellevue venait d'être prise ; vingt-trois insurgés étaient fusillés sur place, et, à six heures du soir, pendant que quelques tirailleurs appelaient l'attention des fédérés vers la rue de Crimée, des volontaires de Seine-et-Oise et des soldats du 64e régiment, débouchant par la rue Compans, tournaient les barricades et s'en emparaient. Les fédérés, voulant lutter encore, fous de rage et de vengeance, s'acculèrent contre les maisons de la place.

« — Feu sur le commandant ! cria leur chef.

« Ce brave officier tomba la poitrine ouverte par les balles.

« — Sur deux rangs ! » cria le commandant fédéré, qui perdait la tête.

« Les malheureux obéirent ; une décharge effroyable les décima. Le combat devint une boucherie, une lutte corps à corps qui dura jusqu'au dimanche, dix heures du matin. On se battit bien encore un peu dans l'après-midi ; mais déjà on pouvait dire que cette insurrection sans exemple avait vécu.

« Avant de quitter la place de la Fête, les bandits, traqués, affolés, bousculés de tous côtés, trouvèrent encore assez de force dans leur fureur pour incendier la maison que l'on appelle le « Château », que l'on travaille encore à éteindre ; c'était leur dernier acte de vandalisme. »

Voici encore un croquis crayonné en hâte sur le théâtre du combat ou dans ses environs :

« .... Je descendis la grande rue de La Chapelle. Sur le boulevard extérieur, à droite et à gauche de la rue, des barricades ; des vêtements à terre, des fusils en quantité, brisés et jetés dans le ruisseau ; une mare de sang au coin de la rue de la Goutte-d'Or. La fusillade aux Buttes-Chaumont était tellement vive, les coups de canon se précipitaient avec une telle intensité, que je n'osais ni avancer ni reculer.

« Je m'informai auprès de quelques personnes qui tenaient sur leurs portes, du chemin à suivre.

« — Ne traversez pas le boulevard, me répondit-on, suivez les maisons ; il est probable qu'il ne vous arrivera rien.

« A la hauteur du café du Delta, on déterrait les morts qu'on chargeait au fur et à mesure sur une tapissière. C'était affreux à voir. Un peu plus loin passait une voiture pleine de cadavres. De ma vie, je n'ai senti odeur pareille.

« Une jeune fille, qui assistait à ce spectacle, disait :

« — J'en ai vu bien d'autres sur la butte, près de la Tour, où je demeure. Dans un trou, on a fourré cent cinquante gardes nationaux ; c'est une peste ; il y a des mouches en masse. Mon père est mort dimanche ; nous l'avons gardé trois jours, et c'est moi, avec ma sœur et mon frère qui sommes allés le porter dans un drap au petit cimetière, où nous l'avons enterré nous-mêmes.

« Et comme on la pressait de questions :

« — Un obus est entré dans une maison vis-à-vis l'église de Montmartre, ajouta-t-elle ; il y avait là un homme malade depuis longtemps. L'obus a tué la femme et les quatre enfants, sans toucher le malade, qu'on a emporté à l'ambulance.... »

Cependant Belleville est pris. Dès le dimanche matin, le général Ladmirault, après avoir franchi le bassin de la Villette, l'abattoir, le parc aux bestiaux, gravi les Buttes-Chaumont, occupe le sommet du faubourg. Les fusils abandonnés par les insurgés, ceux trouvés dans les maisons sont entassés sur la place de l'Église, à la hauteur d'un premier étage. Cette église a reçu plusieurs obus, mais elle est debout. La mairie, qui a été le dernier refuge de la Commune, a été atteint aussi. Désormais le foyer de l'émeute est concentré dans le Père-Lachaise. C'est là que, tout à l'heure, nos soldats l'écraseront.

La veille de ce jour, les derniers abris de l'insurrection, hors Paris, les forts de Montrouge, d'Ivry, de Bicêtre, avaient été pris.

Dès le mercredi, toute la flottille de canonnières que la Commune s'était appropriée, était en notre pouvoir. Réunie sous les ordres du commandant Ribourt à celle du commandant Lacombe, mouillée à Chatou, elle avait appuyé les opérations de nos troupes sur les deux rives de la Seine, jusqu'à l'entrée du canal Saint-Martin, aidant à l'attaque de plusieurs barricades.

Le concours que les vaillants marins qui la montaient portèrent à l'armée de terre peut être apprécié par les pertes qu'ils eurent à subir. Le capitaine Lacombe blessé à l'épaule, l'enseigne Huon de Kermadec tué, vingt-quatre matelots tués, dix blessés, telle fut la glorieuse et douloureuse part de la marine dans le combat. Le lieutenant Dupuis, commandant la *Mitrailleuse*, déploya un courage héroïque, notamment près du pont d'Austerlitz.

Les derniers débris de l'insurrection, nous l'avons dit, s'étaient retranchés dans le cimetière du Père-Lachaise. Les insurgés, au nombre de quelques mille, préoccupés uniquement d'une attaque du côté de la ville, avaient établi une batterie devant la chapelle,

eusé des tranchées tout autour, à travers les allées
rdées de cercueils, élevé des barricades à l'aide des
erres tumulaires, et crénelé plusieurs tombes.

Les marins du général Bruat (armée de réserve)
taquèrent le cimetière par derrière, sur trois points
la fois, par le sommet de la rue des Poiriers, où la
tte fut très-vive. Il n'y eut pas brèche en cet endroit.
es marins escaladèrent le mur. A l'encoignure nord-
t, la brèche fut pratiquée avec la sape, et à peine
t-elle assez grande pour livrer passage à deux
ommes de front, que les marins y pénétrèrent et re-
ulèrent, dans un combat corps à corps, les insurgés
courus à leur rencontre. La troisième colonne péné-
a dans le cimetière par la brèche ouverte depuis
ngtemps, à cent pas de la rue de Charonne. Quelques
ups de hache suffirent à briser les palissades, qui,
reste, n'étaient pas défendues. En quelques heures,
dernier rempart de l'émeute fut écrasé.

C'était le dimanche 28 mai.

Le même jour, les deux dépêches suivantes étaient
fichées dans Versailles et expédiées dans toute la
rance, à une demi-heure d'intervalle :

« *Versailles, le 28 mai, 10 h. matin.*

« *Arrivée à 11 h. 55 matin.*

« Le général Ladmirault a capturé hier les buttes
haumont et Ménilmontant.

« Le général Vinoy s'est emparé du cimetière du
ère-Lachaise.

« Les insurgés sont resserrés maintenant dans un espace très-restreint.

« Il y a de nombreux prisonniers ; de plus nombreux encore seront faits incessamment.

« On craint que l'archevêque et les autres otages transférés à la Roquette n'aient été assassinés. »

« *Versailles, 28 mai, 10 h. 40 matin.*
« *Arrivée à 12 h. 50.*

« Tout est fini.

« Nous avons fait en tout 25,000 prisonniers qui se sont rendus à Belleville sans condition.

« Delescluze a été tué dans le combat. »

Un peu plus tard, dans la journée, le maréchal Mac-Mahon faisait afficher la proclamation suivante dans Paris :

« Habitants de Paris,

« L'armée de la France est venue vous sauver. — Paris est délivré. — Nos soldats ont enlevé à quatre heures les dernières positions occupées par les insurgés.

« Aujourd'hui la lutte est terminée ; l'ordre, le travail et la sécurité vont renaître.

« Au quartier général, le 28 mai 1871.

« *Le maréchal de France, commandant en chef,*

« DE MAC-MAHON, DUC DE MAGENTA. »

Le maréchal disait vrai.

Cependant l'émeute tenait encore sur un point. Elle tenait dans le fort de Vincennes. Il y avait là trois cents gardes nationaux et dix-huit officiers supérieurs, colonels ou chefs de légion, qui, après avoir vainement tenté de fuir par les lignes prussiennes, prétendaient résister à outrance, et se faire sauter plutôt que de se rendre. C'est du moins ce qu'ils disaient.

Dès que leurs intentions furent connues, le maréchal de Mac-Mahon décida que le siége du fort commencerait immédiatement. Les insurgés se rendirent à discrétion.

Ce fut le dernier mot de cette insurrection formidable sans exemple, qui avait disposé de quatre cent mille fusils, de deux mille bouches à feu, occupé six forts, défendu une enceinte devant l'assaut de laquelle les Prussiens avaient reculé, disposé de cent mille hommes, terrorisé Paris, épouvanté la France. Elle fut vaincue par une armée disciplinée, intrépide, admirablement commandée. Elle fut vaincue aux acclamations des Parisiens, qui, dès l'entrée des troupes dans Paris, avaient pavoisé leurs maisons de drapeaux tricolores et couvert de fleurs les soldats qui venaient les délivrer.

Durant les trois ou quatre jours qui suivirent, Paris conserva une physionomie sinistre. Les traces de la guerre et de l'incendie étaient encore partout. Les maisons restaient closes du haut en bas ; le gaz manquait. Le soir, à neuf heures, les rues devenaient désertes. On n'y entendait plus que les pas et la voix des sentinelles. Les habitants redoutaient encore les incendies.

6.

Ils veillaient fiévreusement. Ils écoutaient les coups de fusil qui leur annonçaient que plus d'un coupable expiait ses crimes.

Dans les quartiers où l'émeute avait montré tant de force de résistance, on tirait souvent sur les officiers, et l'autorité militaire était tenue de prendre des mesures rigoureuses pour arrêter ces attentats.

Et puis, c'était le spectacle morne de nos monuments et de nos maisons, détruits par le feu et encore fumants. A la place Vendôme, la colonne en morceaux gisait sur le sol; ailleurs, il y avait des cadavres qui, quelque rapidité qu'on déployât pour les enlever, tardaient trop à disparaître. La population s'épouvantait de cet amoncellement de corps morts, dont les émanations pouvaient lui apporter la peste. Des omnibus parcouraient la ville pour les ramasser. On proposait de les brûler pour s'en débarrasser plus vite.

Les barricades étaient debout. Il ne fallut pas moins de trois jours pour remettre les pavés en place sur les points où la circulation est ordinairement la plus active.

Les portes de Paris restaient fermées, par les ordres de l'autorité militaire, pour l'entrée comme pour la sortie.

Les arrestations étaient nombreuses. On reconnaissait plus d'un des coupables d'hier, parmi des individus porteurs du brassard tricolore. Il fut interdit aux gardes nationaux de porter leur uniforme, aussi bien que le brassard. Il leur fut enjoint de rapporter leurs armes aux mairies. La mesure s'étendit à tous les habitants, comprenant à la fois les armes de luxe et les armes de guerre. Des perquisitions furent la suite obligée de cette mesure nécessaire. Enfin, on proclamait la dissolution de la garde nationale, et Paris était divisé en quatre grands commandements militaires.

Ces diverses mesures impressionnaient diversement la population. Elle était encore sous l'empire de sensibilités nerveuses faciles à expliquer par tout ce qu'elle avait redouté pendant deux mois, souffert pendant huit jours. Elle songeait aux pertes matérielles subies par la ville et par les habitants, estimées à deux milliards. A peine échappée à la mort, elle regardait avec stupéfaction les blessures béantes à ses flancs.

. . . .

Mais, bientôt, malgré tout, Paris s'est rattaché à la vie, à l'espérance. Il voit l'avenir sous des couleurs moins sombres qu'hier. Il se remet à l'œuvre de sa réparation. Il veut vivre. Il vivra.

Ce corps, dix ou douze fois séculaire, ne mourra pas cette fois encore ; il puise sa force de résistance dans sa vieillesse même. La vie reviendra ; elle revient. Des fleurs poussent sur les décombres ; de leur parfum se dégage l'âme de la patrie, frappée jusqu'au sang, mais déjà cicatrisée, déjà prête à se communiquer, avec ses forces vives, ses nobles instincts, ses fières inspirations, ses vaillants enthousiasmes, jusqu'à l'âme de ses enfants.

VI.

Dans la dépêche par laquelle il faisait connaître à la France qu'il avait vaincu l'insurrection, le gouvernement disait : « On craint que l'archevêque et les autres otages transférés à la Roquette n'aient été assassinés.» A l'heure où il traçait cette phrase, il connaissait la vérité. Mais il avait en quelque sorte voulu y préparer le pays, auquel il ne la communiqua officiellement que le lendemain. Il était écrit, en effet, qu'aucun crime ne manquerait à l'histoire de cette émeute, et que le sang des combattants ne serait pas le seul versé.

Durant sa courte mais atroce dictature, la Commune avait arrêté un grand nombre de personnes, qui, même à ses yeux, n'étaient coupables d'aucun crime, mais qu'elle entendait retenir à titre d'otages, pour s'en faire, au cas où elle serait obligée de traiter avec Versailles, un moyen d'obtenir des conditions meilleures. Parmi les victimes de sa prudence et de sa cruauté, on comptait, au milieu d'un assez grand nombre d'individus obscurs et inconnus — gendarmes, sergents de ville, frères de la Doctrine chrétienne, religieuses, gardes nationaux réfractaires — quelques personnages éminents à plus d'un titre : monseigneur Darboy, archevêque de Paris ; l'abbé Deguerry, curé de la Madeleine ; l'abbé Maret, vicaire général ; l'abbé Sabatier, vicaire de Notre-Dame-de-Lorette ; les pères

Allard, Ducoudray, Clerc, Benzy, Caubert, Ollivain, jésuites ; d'autres membres du clergé, M. Dubutte, commissaire de police à Paris, le président Bonjean et M. Gustave Chaudey, avocat, rédacteur du *Siècle*. Ce dernier, toutefois, avait été décrété d'accusation pour une cause déterminée. La Commune l'accusait d'avoir fait tirer sur le peuple, à l'Hôtel de Ville, les 31 octobre et 21 janvier, alors qu'il était adjoint à l'un des maires de Paris. Ces prisonniers étaient enfermés à Mazas. Mais, vers la fin du mois d'avril, M. Chaudey, à la demande de sa famille, qui croyait, en l'isolant, le soustraire plus sûrement au danger, avait été transféré à Sainte-Pélagie. Il y avait encore à la prison de la Santé, M. Claude, le chef bien connu de la sûreté publique, et deux commissaires de police, MM. Thomas de Coligny et Dodreau.

A Versailles, on était très-inquiet sur le compte des otages. On savait à quelles extrémités la Commune était capable de se porter. Dans le *Mot d'ordre*, Henri Rochefort avait un jour écrit cette phrase ou une phrase analogue : « Quand on est la Commune et qu'on a l'archevêque de Paris dans les mains, on se fait rendre Blanqui. » Les autres journaux dévoués à l'insurrection se livraient quotidiennement à des excitations plus violentes, et les citoyens Maroteau et Vésinier demandaient tous les matins la tête des otages. Tout était donc à craindre pour les malheureux dont la Commune avait pu s'emparer.

Leur sort inspirait à toute la France, à l'Europe même, le plus vif intérêt. Il y avait quelque chose de si poignant à penser que des têtes aussi hautes étaient aux mains de ces bandits ; leur présence dans les prisons de la Commune rappelait si cruellement à tous les cœurs les jours néfastes de la première révolution, qu'il n'y avait qu'une voix pour souhaiter leur délivrance.

Il paraît certain que M. Washburne, ministre des États-Unis à Paris, et le général von Fabrice, commandant en chef l'armée allemande en France, s'entremirent dans ce but. Le général prussien surtout paraît avoir successivement agi en faveur de l'archevêque, auprès de Cluseret, de Rossel et de Dombrowski. Des deux premiers, à ce qu'il semble, malgré leur secret désir de faire droit à sa demande, il ne put rien obtenir. De Dombrowski, il obtint la mise en liberté de mademoiselle Darboy, sœur de l'archevêque, qui avait été arrêtée en même temps que son frère.

Cependant, à mesure que s'accentuaient les progrès des troupes de Versailles sur l'insurrection, et que la défaite de la Commune devenait plus certaine, le sort des otages devenait plus rigoureux. A Versailles, le bruit se répandit plusieurs fois qu'ils avaient été fusillés. Il n'en était rien ; mais, dans le milieu du mois de mai, il courut sur eux, sur leur future mise à mort, des rumeurs tellement inquiétantes, que les pasteurs protestants de Paris s'émurent, et, avec un courage qu'on ne saurait trop louer, résolurent d'intervenir.

Voici la lettre qu'ils adressèrent à la Commune, à la date du 20 mai :

« Citoyens membres de la Commune,

« A cette heure d'une gravité terrible pour notre ville,

pour la France et pour vous-mêmes, consentez à
écouter la libre voix d'hommes, vos concitoyens,
demeurés à leur poste à Paris, au milieu de tant de
souffrances, pour y exercer un ministère de paix, en
consolant les affligés, en soignant les blessés et assis-
tant les mourants. Ce qui les fait parler, ce n'est ni
motif politique ni esprit de parti: c'est l'humanité,
c'est l'honneur de la France, c'est la loi du Dieu de
l'Évangile, auquel ils croient et qu'ils prennent à témoin de leur sincérité. Ils osent le dire aussi, c'est
leur devoir envers vous; ils vous doivent de vous dire
la vérité telle qu'elle est dans leurs cœurs.

« Citoyens, nous avons frémi à la nouvelle que la
Commune semble résolue d'entrer dans la voie des représailles sanglantes et des exécutions politiques. S'il
en est ainsi, ce que nous hésitons à croire, nous nous
unissons à ceux qui ont déjà protesté contre un tel des-
sein, et nous vous supplions de ne pas ajouter à tant
de sang versé sur les champs de bataille le sang versé
en dehors des combats.

« Punir de mort un otage parce qu'un autre est ac-
cusé d'avoir commis un meurtre ; frapper, pour le crime
d'autrui, si ce crime est prouvé, un homme qui n'a
commis aucun délit que les lois ordinaires condam-
nent, serait-ce justice ? Nous le demandons à la conscience de tous les membres de la Commune, ne serait-ce pas plutôt le retour à la barbarie ? Nous vous
en supplions, ne permettez pas que le souvenir de tels
actes, accomplis à Paris en plein dix-neuvième siècle,
vienne se joindre au souvenir d'actes semblables qui
ont ensanglanté et assombri l'histoire de la France ; ne

permettez pas qu'il passe à la postérité attaché à vos noms. Après tant de douleurs et de deuils, accordez-nous plutôt la consolation d'obtenir de vous un acte de justice et de miséricorde, dont le souvenir adoucira un jour celui des luttes sanglantes qui déchirent en ce moment la patrie.

« Plusieurs de nos coreligionnaires étrangers qui sont restés à Paris pendant le siége, et qui ont donné à notre nation la preuve éclatante de leur sympathie envers nos blessés et nos populations affamées, ont voulu signer avec nous cette Adresse.

« En vous la présentant, nous obéissons à la voix de notre conscience, qui ne nous permettait pas de nous taire.

« GRANDPIERRE, pasteur; VALLETTE, pasteur; Guillaume MONOD, pasteur; Victor Goguel, pasteur; O. FISCH, pasteur; Ernest DHOMBRES, pasteur; Félix KUHN; E. ROBRIN, pasteur; Louis VERNES, pasteur; ROUVILLE, pasteur; VESSON, pasteur; Edmond DE PRESSENSÉ, pasteur; A. DECOUPPET, pasteur; MURE-ROBINEAU, pasteur; DE LEPOIDE, pasteur; A. DEZ, pasteur; MATTER, pasteur; A.-K. MONTANDON, pasteur; Emile COOK, pasteur; John ROSE-CORMACK, D. M. de Paris et d'Édimbourg; H. PAUMIER, pasteur; P.-G. GAUBETT, pasteur; Eugène BERSIER, pasteur; Edouard FORBES, pasteur anglican. »

Il ne paraît pas que cette lettre, parvenue à son adresse, ait été l'objet d'aucun examen ni d'aucun débat. Le lendemain du jour où elle avait été écrite, l'armée de Versailles entrait dans Paris. Dès ce moment, il se produisit certains faits qui prouvèrent que les pressentiments douloureux qui veillaient dans les cœurs, en ce qui concernait les otages, n'étaient que trop fondés.

Deux hommes, parmi les membres de la Commune, avaient surtout montré contre les prisonniers un acharnement impitoyable. C'étaient Delescluze et Raoul Rigault. Il y avait de leur part, notamment contre M. Gustave Chaudey, une haine violente. Raoul Rigault répétait sans cesse :

— Quoi qu'il arrive, nous ne le laisserons pas vivant.

Quant à Delescluze, il redoutait dans M. Gustave Chaudey, un homme mis par Proudhon en possession de la preuve écrite d'un vol, que dans sa jeunesse, lui, Delescluze, avait commis chez un avoué, Me Denormandie, où il occupait un emploi de clerc. Cette peccadille, peu connue jusqu'ici dans le passé du délégué à la guerre, a été énergiquement niée par ses amis ; mais elle a été affirmée non moins énergiquement par M. Emmanuel Arago.

Quoi qu'il en soit, le 21 mai, lorsqu'il ne fut plus possible de douter de l'entrée des Versaillais dans Paris, Delescluze remit à Rigault l'ordre suivant :

7

« COMMUNE DE PARIS.

« Direction de la sûreté générale.

« Le citoyen Raoul Rigault est chargé, avec le citoyen Régère, de l'exécution du décret de la Commune de Paris relatif aux otages.

« Paris, 2 prairial an 79.

« DELESCLUZE, BILLIORAY. »

C'était l'arrêt de mort des otages. On nous permettra maintenant de beaucoup citer, car le supplice de ces infortunés eut des témoins qui furent sur le point de partager leur sort, et dont le récit a un accent tout particulier de sincérité.

Pendant la durée de son pouvoir, la Commune avait fait fusiller ou laissé fusiller un grand nombre de malheureux, dont probablement on ne saura jamais le nom, ni le nombre. Il est certain qu'à la Préfecture de police comme à l'Hôtel de Ville, il y eut fréquemment des exécutions nocturnes.

Mais les détails manquent et nous ne pouvons fournir sur ce point aucune donnée positive. Il nous est donc permis d'affirmer, qu'après les généraux Clément Thomas et Lecomte, la première victime connue de la Commune fut M. Gustave Chaudey. Le *Siècle*, dont il était le collaborateur, a publié, par la plume de M. Frédéric Thomas, qui fut son confrère et son ami, un pathétique récit de ses derniers jours et de sa mort.

C'est là un document désormais acquis à l'histoire de ces fatales journées de mai. C'est à ce titre que nous l'insérons. Voici comment s'exprime M. Frédéric Thomas :

«Nous avons recueilli quelques détails sur l'assassinat dont Gustave Chaudey a été victime. On n'a pas oublié dans quelles circonstances eut lieu son arrestation dans les bureaux du *Siècle* le 13 avril. Conduit à la prison de Mazas, il y fut étroitement gardé pendant plusieurs jours dans le secret le plus absolu. Son ami, M. Henri Cernuschi, se rendit à la Commune pour faire lever cette rigoureuse interdiction, et obtenir pour Mᵐᵉ Chaudey et pour lui-même l'autorisation de voir le prisonnier. Raoul Rigault, auquel il fallut d'abord s'adresser, ne se contenta pas d'être inflexible ; il se montra d'une cruauté provocante. Cette inqualifiable attitude révolta l'ami du détenu, qui fit entendre des protestations indignées. Raoul Rigault sortit sans répondre. Protot survint. Celui-ci fut moins intraitable ; il promit d'accorder le lendemain la permission demandée, ce qu'il fit. M. Rousse, bâtonnier de l'ordre des avocats, reçut aussi sur sa demande un permis de communiquer avec le détenu de la Commune.

« Gustave Chaudey fut interrogé par Rigault, et, la tête haute, il ne chercha ni détour ni excuse ; il se glorifia au contraire du crime d'avoir accompli son devoir.

« Dès ce jour son sort fut décidé dans l'esprit de ses impitoyables ennemis. Il ne leur restait plus qu'à organiser un simulacre de jugement qui n'aurait été que l'hypocrisie de leur féroce iniquité. Toutefois, ce jour était différé, et on croyait que gagner du temps c'était s'éloigner de la mort.

« M. Cernuschi, toujours préoccupé du sort de son ami, accueillit la proposition d'une promesse de liberté pour Chaudey et tous les otages si le Pouvoir exécutif accordait celle de Blanqui. Il se rendit aussitôt à Versailles et obtint de M. Thiers, non l'élargissement de Blanqui, mais la permission pour sa sœur de lui rendre visite dans la prison de Cahors.

« Ce résultat fit accorder par la Commune le transfèrement de Gustave Chaudey de la prison de Mazas à celle de Sainte-Pélagie. Sainte-Pélagie n'était pas la geôle des otages. C'était donc procurer à Chaudey une chance d'échapper à ses assassins et d'être oublié par leur vengeance.

« Le 22, la veille de la mort de notre cher collaborateur, la guerre civile était dans sa plus grande conflagration, et les rues de Paris étaient disputées avec acharnement par nos soldats et par les insurgés. M. Cernuschi, se rendant à travers les barricades à Sainte-Pélagie, fut arrêté par un sergent fédéré qui parlait de le fusiller sur-le-champ. Il obtint à grand'peine d'être conduit à la mairie de Saint-Sulpice, où l'officier le salua de ces mots : « Ah ! vous êtes M. Cernuschi, rédacteur du *Siècle !* Votre affaire sera bientôt faite, car votre journal nous a fait plus de mal que tous les autres. »

« Après le débat qu'on s'imagine, l'officier consentit à surseoir à l'exécution et à faire conduire M. Cernuschi à la Commune ; mais l'accès de l'Hôtel de Ville était interdit à tout le monde, et il fallut se rabattre sur le commissaire de police du quartier, qui, après de nouvelles péripéties, donna une carte qui permit enfin à M. Cernuschi d'arriver à Sainte-Pélagie. Les deux amis purent se voir encore une fois. Ni l'un ni l'autre ne se doutait alors que c'était leur dernier entretien. Un moment avant l'arrivée de l'ami, Mme Chaudey sortait de la cellule de son mari qu'elle visitait aussi pour la dernière fois.

« Les deux jours qui suivirent le 23 et le 24 mai, il fut impossible à M. Cernuschi de passer à travers les combattants pour se rendre à Sainte-Pélagie; mais le 25, en faisant de grands détours et à travers mille difficultés, il parvint de nouveau à la prison. Le prisonnier avait été fusillé l'avant-veille par l'ordre et sous les yeux de Raoul Rigault. Le procureur de la Commune s'était présenté à onze heures du soir et avait fait descendre Chaudey, auquel, sans autre préparation, il avait dit :

— Je vous annonce que vous êtes à votre dernière heure.

— Comment ! vous voulez donc m'assassiner ? répondit Chaudey.

— On va vous fusiller, répliqua l'autre, et tout de suite.

« Mais les gardes nationaux du poste, qu'il requit d'abord, se refusèrent à cette odieuse besogne, et il alla lui-même hors de la prison chercher des bourreaux plus dociles. Il les trouva. Le prisonnier fut amené devant eux. Raoul Rigault tirant son épée pour donner le signal, les fusils partirent, et Chaudey tomba. Les balles avaient porté trop haut. Chaudey n'était que blessé. Un sergent l'acheva en lui déchargeant dans l'oreille deux coups de revolver.

« En apprenant à la prison la fin tragique de son ami, M. Cernuschi tomba à la renverse. M. Théodore Duret, qui l'accompagnait, s'empressa auprès de lui, et on le transporta dans la pharmacie. Sur ces entrefaites, nos soldats s'emparèrent de Sainte-Pélagie. L'officier qui commandait la troupe qui envahit la prison, alla droit à M. Cernuschi et lui intima l'ordre de le suivre sur-le-champ. Au même moment rentre à la prison M. Théodore Duret, qui avait été à la recherche du cadavre de Chaudey. Il est arrêté aussi. Les soldats les font monter tous les deux dans la voiture qui les avait amenés, et, entourés d'une compagnie, on les conduit vers une destination qu'ils ignorent. Bientôt la voiture, qui marchait avec lenteur, s'arrête près d'un cul-de-sac où l'on voyait, en face d'un peloton qui semblait en permanence, deux hommes qu'on venait de fusiller et qui gisaient dans leur sang.

« A ce spectacle, M. Théodore Duret descend de voiture, et avec la plus grande énergie, il interpelle le chef et les soldats qui l'entourent. Il invoque le nom de M. Dufaure dont il est l'ami, il exhibe sa nomination d'adjoint à la mairie du 9e arrondissement dont Gustave Chaudey était le maire. Après quelques instants, la voiture prend un autre chemin. Un peu plus loin, elle s'arrêta de nouveau, mais cette fois c'était un libérateur qui intervenait. M. Pereira, colonel, connaissant le nom de M. Cernuschi et de M. Duret, s'était approché de la voiture. Il rassura les deux prisonniers et les quitta aussitôt après pour aller parler au général;

il revint un peu plus tard avec un ordre formel de mise en liberté. Cela permit à la voiture de regagner le domicile de M. Cernuschi.

« A peine rentrait-il chez lui, que Mme Chaudey s'y présentait. La pauvre femme ignorait tout. La veille, on lui avait dit, à la prison de Sainte-Pélagie, que son mari avait été transféré au Dépôt de la préfecture, et elle venait prier un ami de la conduire auprès de son mari, qu'elle croyait encore vivant. Impossible de lui cacher plus longtemps l'affreuse vérité. Elle l'avait devinée, d'ailleurs, aux larmes qui suffoquaient celui auprès duquel elle était venue chercher aide et protection. A cette nouvelle, elle saisit convulsivement dans ses bras son enfant qu'elle avait amené avec elle, et ne put murmurer que ces mots :

— Tu n'as plus de père, mon fils ; il ne nous reste plus qu'à mourir aussi.

« Et tout ce que la douleur a de plus désolé et de plus déchirant, elle le ressentit. Epuisée par tant d'émotions, elle était tombée sans connaissance et folle de désespoir. Coïncidence étrange et fatale ! Le 23 mai, jour de la mort de son mari, avait été pour elle jusque-là un jour de fête : c'était l'anniversaire de son mariage et l'anniversaire de la naissance de son enfant, qui vient d'accomplir sa quatorzième année. »

Ainsi périt M. Gustave Chaudey.

Le lendemain 24, ce fut le tour des otages qui, jusqu'alors, avaient été détenus à Mazas, mais qui, le 22, en prévision d'une attaque des Versaillais, avaient été transférés à la Roquette. Ils firent le trajet dans une voiture de déménagements, en travers de laquelle on avait jeté des planches, en guise de banquettes. Escortée par une troupe d'hommes ivres et grossiers, la charrette traversa une foule armée qui proférait des injures, et lardait le véhicule de coups de baïonnette, au risque d'atteindre ceux qu'il transportait.

« Mgr Darboy, écrit un témoin oculaire, occupait la cellule n° 21 de la 4e division, et je me trouvais à quelque distance de lui, dans la cellule n° 26. La cellule occupée par le respectable prélat était autrefois le cabinet d'un surveillant. Ses compagnons de captivité étaient parvenus à lui procurer une table et une chaise. La cellule était elle-même plus vaste que les autres.

« Le mercredi 24 mai, à sept heures et demie du soir, le directeur de la prison, un certain Lefrançais, homonyme du membre de la Commune, et ayant séjourné six années au bagne, monta dans la prison à la tête de cinquante fédérés, parmi lesquels se trouvait un pompier, et occupa la galerie dans laquelle étaient enfermés les prisonniers principaux. Ces fédérés se rangèrent dans la galerie qui conduit au chemin de ronde du nord, et peu d'instants après, un brigadier de surveillants alla ouvrir la cellule de l'archevêque et l'appela à voix basse. Le prélat répondit : *Présent!*

« Puis, il passa à la cellule de M. le président Bonjean; puis ce fut le tour de M. l'abbé Allard, membre de la Société internationale de secours aux blessés; le P. Du Coudray, supérieur de l'école Sainte-Geneviève, et le P. Clerc, de la Compagnie de Jésus; enfin, le dernier appelé fut l'abbé Deguerry, le curé de l'église de la Madeleine. A peine leur nom était-il pro-

noncé, que chacun des prisonniers était amené dans
la galerie et descendait l'escalier conduisant au chemin de ronde ; sur les deux côtés, autant qu'il me fût
permis de le juger, se tenaient les gardes fédérés,
insultant les prisonniers et leur lançant des épithètes
que je ne puis reproduire.

« Mes infortunés compagnons furent ainsi accompa-
gnés par les huées de ces misérables jusqu'à la cour
qui précède l'infirmerie ; là, il y avait un peloton d'exécution. Mgr Darboy s'avança, et, s'adressant à ses
assassins, il leur adressa quelques paroles de pardon ;
deux de ces hommes s'approchèrent du prélat, et devant leurs camarades, s'agenouillèrent et implorèrent
son pardon ; les autres fédérés se précipitèrent vers
eux et les repoussèrent, en les insultant ; puis se re-
tournant vers les prisonniers, ils leur adressèrent de
nouvelles injures. Le commandant du détachement en
fut outré ; il fallait donc que ce fût bien exagéré. Il
imposa silence à ses hommes, et après avoir lancé un
épouvantable juron...Vous êtes ici, dit-il, pour fusiller
ces gens-là, et non pas pour les eng....... Les fédérés
se turent et sur le commandement de leur lieutenant,
ils chargèrent leurs armes.

« Le P. Allard fut placé contre le mur et fut le premier frappé ; puis Mgr Darboy tomba à son tour. Les
six prisonniers furent ainsi fusillés, et montrèrent tous
le plus grand calme et le plus grand courage. »

Le vendredi soir, la scène qui s'était passée dans la
journée du mercredi se renouvela, et quinze prisonniers, parmi lesquels se trouvait le P. Ollivain, de la

Compagnie de Jésus, tombèrent sous les balles des assassins.

Le peloton qui procéda à l'exécution, avait été pris dans les 181ᵉ et 206ᵉ bataillons de la garde nationale. Il se composait de trente hommes. Les corps furent transportés, les uns à la mairie du Père-Lachaise, les autres à la mairie du vingtième arrondissement. C'est là que fut retrouvé celui de l'éminent prélat qui administrait le diocèse de Paris. Il avait reçu deux balles dans la poitrine, dont l'une avait broyé la main droite. Son cadavre comme ceux des autres victimes de la Commune, avait été dépouillé de ses vêtements et outrageusement mutilé.

On a diversement reproduit les dernières paroles que prononça l'archevêque. Selon les uns, il aurait dit :

— La justice des tyrans est bien lente à venir.

Selon les autres :

— Ne parlez pas de liberté. Nous seuls pouvons en parler qui mourons pour elle et pour Dieu.

Quelque langage qu'il ait tenu, ce fut un langage courageux et digne. Tous, d'ailleurs, vieillards et jeunes hommes, restèrent calmes devant les morts. Nous avons dit tout à l'heure qu'il y avait avec eux, un commissaire de police, M. Dubutte. Échappé à la mort, M. Dubutte a raconté les tragiques événements auxquels il avait été si étroitement mêlé. Voici comment nous l'avons entendu rendre hommage à ses infortunés compagnons :

— Dans ma vie, disait-il, j'ai pu souvent apprécier et juger le vrai courage; je déclare que je ne vis jamais rien de semblable à la vaillance de ces prêtres. Ils allaient à la mort, noblement, simplement surtout. C'était admirable.

Quant à M. Dubutte, une erreur de nom le sauva ce jour-là. Le soir, le gardien-chef lui fit savoir qu'il aurait son tour le lendemain. On l'oublia encore. Le surlendemain, il vit la porte de son cachot s'ouvrir et un homme de mauvaise mine se présenter, en disant :

— Nous sommes libres. F..... le camp.

M. Dubutte hésitait. Il ne comprenait pas. La Commune venait de mettre en liberté les détenus pour délits de droit commun. Ceux-ci, à leur tour, ouvraient toutes les cellules.

— Je te dis de f..... le camp! reprit le voleur.

Et comme M. Dubutte n'osait partir, notre homme s'écria :

— Après tout, si vous préférez rester dedans....

Il s'en allait, en fermant la porte. M. Dubutte la retint, sortit. Dans le couloir, il vit tout le monde fuir. Il fit comme tout le monde. Sur sa route, il rencontra un prêtre, qui venait de déboutonner sa soutane et qui criait :

— Par pitié! une redingote! une blouse!

M. Dubutte avait un pardessus. Tout en courant, il le quitta, le jeta à l'ecclésiastique; puis, sans attendre un remerciment, il s'élança dans la rue et parvint à une barricade où il se fit reconnaître.

Le lendemain, il apprit que le malheureux prêtre auquel il avait fait don de son pardessus, reconnu par un garde national, avait été tué d'un coup de fusil, alors qu'il fuyait. Nous ne serions pas surpris d'apprendre que ce prêtre était M. l'abbé Surat, qui n'avait pas été fusillé en même temps que l'archevêque.

D'autres prisonniers d'ailleurs parvinrent à se sauver en assez grand nombre ; l'arrivée des troupes délivra ceux qui n'avaient pu fuir. M. Guérin, supérieur du séminaire des Missions étrangères, M. Perny, missionnaire et M. l'abbé Petit que le *Journal officiel* avait d'abord fait figurer sur la liste des morts, un garde national, M. Evrard, échappèrent aux exécuteurs. M. l'abbé Lamazou, vicaire de la Madeleine et un certain nombre de ses compagnons furent également sauvés, grâce à leur intrépidité, à leur présence d'esprit. Décidés à défendre chèrement leur vie, ils se barricadèrent dans la partie de la prison qu'ils occupaient, avec l'aide du gardien Pinet, qui était venu ouvrir leurs cellules afin qu'ils pussent organiser leur résistance. Elle les sauva.

Dans la communication qui parut au *Journal officiel*, le gouvernement porte à soixante-quatre seulement le nombre des prisonniers de la Commune, fusillés. Ce nombre dut être plus considérable. En effet, il y eut plusieurs gendarmes mis à mort, les uns dans la prison même, les autres — trente-huit — au Père-Lachaise. Plusieurs ecclésiastiques furent également entraînés dans le cimetière et y périrent. Enfin M. l'abbé Lamazou vit passer par les armes dix-huit soldats et quatre prêtres dont les corps allèrent servir de couronnement à la barricade voisine. Nous pensons que la seule prison de la Roquette dut fournir plus de quatre-vingt-dix victimes à la Commune.

Dans le nombre, se trouvait cet aimable et fin président Bonjean, dont le caractère ferme mais doux, était à la hauteur de tous les périls comme sa science profonde était à la hauteur des postes les plus brillants. C'était un vieillard faible de corps, fort d'âme ; il mourut avec le calme héroïque du soldat. Pour l'honneur de sa mémoire, il a, durant sa captivité, écrit trois lettres admirables. Nous en reproduisons le texte ici, dans la crainte qu'elles ne soient pas reproduites ailleurs, et pour les consigner quelque part d'une manière plus durable que dans un journal.

Voici ces lettres :

« Paris, lundi 17 avril 1871.

« Prison de Mazas, 6e division, cellule n° 14.

« *Monsieur Bonnet, quai Voltaire, n° 5, à Paris.*

« Monsieur,

« Par le plus grand des hasards, j'apprends que mon honorable ami, M. de Ronseray, n'est pas à Paris, mais que vous voulez bien le remplacer pour tous les bons offices que sa position lui permettait de rendre à ses amis, par ce temps malheureux d'interruption des relations postales entre Paris et la province. Voici ma situation. J'ai été arrêté le 21 mars, à mon domicile, au moment où j'y rentrais, après avoir présidé la chambre des requêtes... *Pourquoi ?...* Je l'ignore encore après vingt-neuf jours de captivité, d'abord au Dépôt de la préfecture, puis à Mazas, où je suis en ce moment *au secret*. Ce ne serait là qu'un assez petit malheur pour un homme de mon âge et de mon caractère ; voici la circonstance qui en fait un véritable supplice :

« Au mois de septembre, quand le siége de Paris parut imminent, j'exigeai que ma femme se retirât à Bayeux avec nos deux plus jeunes enfants et le personnel féminin de nos domestiques. Pour moi, qui avais l'honneur de faire les fonctions de premier président, en l'absence de M. Devienne; pour moi, bien qu'en temps de vacances, il me parut que mon devoir était de m'associer aux privations et aux dangers de la population parisienne. Je rentrai donc à Paris, où diverses circonstances me retinrent jusque vers le 12 mars, où il me fallut me rendre dans le département de l'Eure (Orgeville, près Pacy-sur-Eure), pour y pourvoir à la mise en culture d'une ferme que le fermier, fuyant devant l'invasion prussienne, avait abandonnée dès le 16 septembre.

« Le dimanche 19, en apprenant les événements dé la veille, je crus encore, comme au mois de septembre, que mon poste était là où il pouvait y avoir du danger. Je rentrai donc à Paris dans la nuit du dimanche au lundi ; le mardi 21, je présidais les requêtes ; à trois heures et demie j'étais arrêté. De telle sorte que, depuis le 7 septembre, je n'ai pas eu la consolation de revoir ni ma femme ni mes petits enfants. Encore une fois, je suis de force à porter toute charge quand elle ne pèse que sur mes épaules... Mais voici ce qui dépasse ma force :

« Depuis que je suis en prison, j'ai appris, ce que

l'on m'avait soigneusement caché, que ma noble et sainte compagne, succombant aux angoisses trop prolongées d'un long siége, pendant lequel elle avait eu nécessairement à trembler pour son mari et pour son fils , était tombée *dangereusement malade*, et que mon fils aîné, licencié de la mobile, et chargé de diriger l'exploitation de notre ferme, *avait dû la transporter de Bayeux à Orgeville, non sans danger de la voir expirer en route ;* que ma captivité, avec des éventualités sinistres, avait porté le dernier coup à cette organisation affaiblie ; que mes lettres *quotidiennes* pouvaient seules soutenir le courage de ma trop chère malade.

« Vous comprenez facilement, monsieur, le zèle avec lequel, chaque jour, je me suis acquitté du devoir pieux qui m'était indiqué. Mais pour un prisonnier au secret et dans les circonstances actuelles, ce n'est pas une tâche facile. Il faut que ma lettre subisse le contrôle du greffe ; qu'elle soit envoyée à mon domestique (Ecochard est son nom), rue de Tournon, n° 2 ; qu'ensuite mon domestique aille la remettre à la poste à Saint-Denis.

« Avec beaucoup de dévouement, ce service de correspondance allait tant bien que mal... Mais, *depuis hier, il n'est plus permis à mon domestique de quitter Paris.* Dans cette détresse extrême, j'avais eu la pensée de recourir à M. de Ronseray... il est absent. Mais, Dieu en soit loué, votre bonté, monsieur, veut bien la remplacer ; voici donc le service que je prends la liberté de réclamer de vous. Chaque jour, comme aujourd'hui, je vous enverrai une lettre destinée à ma

femme ou à mon fils. Vous voudrez bien la mettre **sous**
enveloppe; et y inscrire l'adresse ci-après : *Madame Bon-*
jean, à Orgeville, près Pacy-sur-Eure (Eure) ; l'af-
franchir par un timbre bleu ; puis la faire mettre au
bureau de *Saint-Denis* ou de *Pontoise* par l'un des
agents du chemin de fer du Nord.

« Si je l'osais, je vous prierais bien encore de m'indi-
quer comment, par votre intermédiaire, les lettres de
ma malheureuse femme pourraient me parvenir ; mais
ce serait abuser étrangement de l'obligeance d'un
homme dont je n'ai pas l'honneur d'être connu; et
d'ailleurs, pourvu que la souffrance ne tombe que sur
moi et soit épargnée à ma sainte compagne, je me ré-
signe. En toute autre circonstance, Monsieur, je n'aurais certainement jamais osé prendre la liberté que je
prends en ce moment... mais nous sommes *comme* les
naufragés sur le fatal radeau de la *Méduse*... et c'est le
cas ou jamais pour les honnêtes gens de se venir en
aide les uns aux autres.

« Excusez, je vous prie, la longueur et le désordre
de cette lettre, que j'écris à la hâte, et veuillez agréer,
avec mes remercîments que je vous offre d'avance,
l'assurance de mes sentiments de haute considération.

« Bonjean,

« Mazas, 6e division, cellule n° 14.

« Je n'ai pas besoin d'ajouter que, dans mes lettres,
je m'abstiens de toute allusion aux événements politiques. Elles roulent exclusivement sur nos sentiments

de famille et contiennent des conseils à mon fils aîné sur la manière de conduire l'exploitation agricole que la désertion du fermier jette si inopinément sur nos bras. »

« *A M. Victor Bonnet, quai Voltaire, n° 5.*

« Mazas, le mardi soir, 9 mai...

« Monsieur,

« Je m'empresse de vous remercier de la bonne pensée que vous avez eue de m'envoyer un exemplaire du beau travail que vous venez de publier dans la *Revue des Deux-Mondes;* c'est une nouvelle dette de reconnaissance ajoutée à celle que déjà j'ai contractée envers vous, pour l'obligeance avec laquelle vous voulez bien vous charger de faire remettre à la poste, *hors barrière*, les lettres par lesquelles je tâche de soutenir le courage de ma sainte et malheureuse femme.

« Bien que je n'aie pu prendre encore qu'une lecture de votre excellent travail, je suis heureux et fier de pouvoir vous dire que vos doctrines sur le danger des emprunts d'État à *rente perpétuelle*, sur la légitimité, la nécessité, l'inocuité des *taxes de consommation* furent toujours soutenues par moi, soit au conseil d'État, soit au conseil municipal de Paris. Dans l'un et l'autre corps, je ne cessai jamais non plus de lutter contre les *tendances dépensières* du gouvernement impérial, qui, non content de gaspiller les ressources de l'État en dépenses de luxe qui pouvaient certainement

attendre, poussait dans la même voie les *départements*
et les *communes*, dont les administrations *éphémères*
n'y sont déjà que trop disposées, lorsque, au moyen d'emprunts *à long terme,* elles peuvent recueillir la popula-
rité qui s'attache presque toujours aux travaux publics,
en rejetant sur leurs successeurs l'impopularité des sur-
taxes qu'il faudra bien établir pour solder la carte à
payer. Quant aux *économies* à faire, elles sont indispen-
sables. Je crois qu'avec une suffisante fermeté, on peut
en réaliser d'énormes... Rappelez-vous qu'en 1829, le
budget des dépenses n'atteignait pas un *milliard.* Je me
rappelle notamment que, lorsque M. Haussmann nous
proposa, pour la première fois, un emprunt à cinquante
ans, pour je ne sais quels embellissements, je lui disais : « Un emprunt, amortissable en cinquante ans,
« représente *deux capitaux et demi pour un ;* ainsi,
« pour faire cadeau aux Parisiens d'améliorations dont
« ils pourraient à la rigueur se passer pendant long-
« temps encore, et qui vont coûter 100 millions, vous
« devrez prélever sur eux 250 millions. Eh bien, je
« trouve que cela est infiniment trop cher : c'est aussi
« insensé que si je grevais ma ferme d'un emprunt
« à 5 p. 0/0 pour faire *dorer mon salon.* » Il fut alors
bien évident que j'étais un *esprit étroit,* n'entendant
rien à la *grande administration.* Aussi, quand, au mois
d'août 1855, il y eut à renouveler la commission municipale, j'en fus exclu avec une dizaine d'autres qui
avaient le tort de voter souvent avec moi.

« Ah ! Monsieur, les finances de l'Etat étaient dans
une situation assez inquiétante, même avant les désastres inouïs qui nous accablent depuis un an, et le

tableau que vous en tracez est bien sombre ; mais combien ne le serait-il pas davantage, si, à la dette écra-
sante qui va peser sur nous du chef de l'Etat, vous
ajoutiez le double fardeau de la dette *départementale*
et *communale,* dont on ne tient pas assez de compte. En
1815, en 1830, en 1848, ces dettes locales étaient presque nulles ; et ce fut un grand bonheur ; aujourd'hui
elles présentent une dette énorme que personne n'est
encore parvenu à connaître *exactement,* mais dont
l'intérêt se paye, en définitive, en puisant aux mêmes
sources que pour celui de la dette publique.

« Quand je sortirai d'ici, si j'en sors vivant, j'aurai
grand plaisir à causer avec vous de ces diverses questions ; mais, pour aujourd'hui, il ne me reste qu'à
m'excuser de répondre ainsi, au *courant de la plume,*
sur un sujet traité par vous avec tant de méthode et
d'élévation. Je compte sur votre indulgence envers un
pauvre captif et vous prie d'agréer, avec la nouvelle
expression de mes remercîments, celle de ma très-
haute considération.

« BONJEAN. »

Quelle liberté d'esprit n'avait pas dû conserver ce
vieillard persécuté par la Commune et menacé par
elle, pour écrire ces observations si judicieuses, si
vraies, qui font de cette lettre comme un testament
politique bon à étudier et à pratiquer !

La lettre qui suit avait été écrite par M. Bonjean à
un de ses jeunes amis, pour le rassurer sur son sort.

« Dans la nuit du 19 au 20 mars, je rentrais à Paris,

à une heure très-avancée. Le lundi fut **consacré à par**-courir les journaux (je n'en avais lu aucun depuis le 13), afin de tâcher de me faire une idée du caractère, encore fort obscur, du mouvement du 18 mars. Le lundi 21, je présidai, à l'ordinaire, la chambre des requêtes ; à trois heures et demie, au moment où je venais de rentrer chez moi, j'y fus arrêté, conduit à la préfecture de police, puis au Dépôt, plus tard à Mazas, sans avoir pu jamais connaître les motifs de mon arrestation, et aujourd'hui encore, après quarante et un jours de détention, dont trente-sept au secret, je n'en sais pas plus que le premier jour, si ce n'est le renseignement vague que je serais détenu comme *otage*.

« Voilà, mon cher Charles, dans toute leur simplicité, les faits que vous désirez connaître. Je m'abstiens de toute réflexion qui pourrait être considérée par le greffe comme mettant obstacle au départ de cette lettre.

« Eh bien ! mon cher enfant, mon âge et votre dévouement filial m'autorisent bien à vous donner ce titre, ce que j'ai fait, je le referai encore, quelque douloureuses qu'en aient été les conséquences pour ma famille tant aimée. C'est que, voyez-vous, à faire son devoir, il y a une satisfaction intérieure qui permet de supporter avec patience et même une certaine suavité, les plus amères douleurs. C'est le mot du Sermon sur la Montagne, dont je n'avais jamais si bien compris la sublime philosophie : *Heureux ceux qui souffrent la persécution pour la justice !* . C'est la même pensée exprimée par Sidney sous une autre forme, quand, s'étant pris à rire, en descendant l'escalier de la Tour, pour porter sa tête sur l'échafaud, il répondit à ses amis étonnés de cet accès de gaieté dans un pareil moment : *Mes amis, il faut faire son devoir, et rester gai jusqu'à l'échafaud inclusivement.*

« Que, loin de vous décourager, mon exemple vous soit, au contraire, un nouvel encouragement à faire votre devoir, quoi qu'il en puisse advenir; car je puis vous affirmer sur l'honneur que, sauf la poignante inquiétude que j'éprouve pour la santé de ma noble et sainte compagne, jamais mon âme ne fut plus sereine et plus calme que depuis que j'ai perdu jusqu'à mon nom, pour ne plus être que le n° 14 de la 6e division. Mais ce n° 14 vous aime bien et vous bénit comme si vous étiez un de ses enfants.

« Je n'ai pas besoin d'ajouter, car votre ami a dû vous le dire, qu'en annonçant mon arrestation à mon brave Georges, j'y avais joint la défense la plus énergique de venir à Paris pour rien tenter en ma faveur. Je lui disais que son poste à lui était de rester auprès de sa mère mourante, auprès de ses jeunes frères, dont il pouvait devenir d'un jour à l'autre l'unique protecteur; que sa présence à Paris serait pour moi la cause d'un véritable désespoir; car j'aurais à craindre, soit qu'on le retînt aussi comme otage, soit qu'on l'obligeât à servir dans cette horrible guerre civile; que l'un ou l'autre événement serait certainement le coup mortel pour sa pauvre mère. Dieu merci, mon brave enfant avait le cœur assez haut pour comprendre ce langage, et je suis fier autant que reconnaissant de l'effort que cette généreuse nature a su faire sur elle-même pour accomplir le devoir que lui imposait mon autorité paternelle : aussi mon cœur le bénit-il avec la plus tendre affection.

« BONJEAN. »

Les prisonniers de la Commune n'étaient pas tous à la Roquette. On a vu que M. Gustave Chaudey avait été fusillé à Sainte-Pélagie. M. Claude, chef de la sûreté, était, nous l'avons dit, à la Santé dans le faubourg Saint-Jacques, avec deux commissaires de police. Ils eurent le bonheur d'être mis en liberté par le 85e de ligne, après avoir subi durant deux mois des traitements odieux de la part de leurs gardiens, parmi lesquels se trouvaient des misérables qu'ils connaissaient comme des assassins et des voleurs. Des religieuses enfermées dans la même prison, à Saint-Lazare et à Mazas, furent également délivrées.

Le 24 mai, cent cinquante otages de la Commune, parmi lesquels se trouvaient le prince Galitzin et le journaliste Andreoli, étaient détenus à la préfecture de police, lorsque le citoyen Ferré, délégué à la sûreté générale, envoya l'ordre de les fusiller. L'incendie de la Préfecture éclata tout à coup, et, jetant le désordre et la confusion, empêcha l'exécution de cet ordre. A onze heures, le procureur de la Commune, Raoul Rigault, vint faire sortir les prisonniers et les invita à combattre contre l'armée de Versailles. Sur leur refus, on leur envoya une grêle de balles. Ils se réfugièrent dans la rue Harlay qui brûlait et y restèrent dans les plus vives angoisses jusqu'à cinq heures du soir.

Déjà les flammes les atteignaient quand le clairon

se fit entendre. C'était un détachement du 79ᵉ de ligne qui venait les délivrer.

Mais les hommes de la Commune mirent le comble à leurs crimes en fusillant les pères Dominicains d'Arcueil. On sait que ces savants religieux dirigeaient un collége à Arcueil. Des escouades des 101ᵉ et 120ᵉ bataillons de la garde nationale, commandées par Millière, vinrent les y chercher le 19 mai, et emmenèrent avec eux, au fort de Bicêtre, le personnel laïque de la maison, en tout vingt-quatre personnes.

Ces infortunés restèrent deux jours à Bicêtre, sans nourriture, en butte à des menaces et à des injures incessantes. Le 25, les gardes nationaux évacuèrent le fort. Ayant relâché une partie de leurs prisonniers, ils ramenèrent les autres à Paris, et les fusillèrent, l'un après l'autre, dans une impasse près de la barrière d'Italie. Il y avait cinq Dominicains : les pères Captier, Cothereau, Bourard, Delhorme, Chateigneran ; deux professeurs civils : MM. Volant et Gauquelin, et cinq domestiques. Le père Captier était une des lumières de son ordre. Il mourut en priant et en exhortant ses compagnons à bien mourir. L'un d'eux, l'abbé Grancolas, après avoir reçu une balle dans son paletot, put se soustraire à la mort, en se réfugiant chez une brave femme qui lui donna les vêtements de son mari et le fit partir.

Ce furent les derniers crimes de la Commune. Elle mourut étouffée par tant de sang innocent qui montait fumant vers les cieux, comme pour demander vengeance.

VII.

Tel est le récit des crimes et de la chute de l'insurrection, aussi complet qu'il peut l'être, à l'heure actuelle, alors que les journées néfastes que nous venons de raconter sont à peine passées. Nous avons retracé sans exagération, mais sans vouloir en diminuer l'horreur, le tableau de Paris, mis à feu et à sang, par les hommes qui dirigeaient l'insurrection. Il nous reste à raconter en peu de mots la dernière heure de ce pouvoir, fondé sur l'émeute et la terreur, à dire ce que devinrent, parmi ces catastrophes lamentables, les sombres personnages qui les avaient provoquées. A cet égard, les renseignements positifs manquent encore, même à la police. Si ce n'est pour un certain nombre d'insurgés, arrêtés ou fusillés, les autorités militaires sont encore impuissantes à nous faire connaître le sort de la Commune. Nous ne pouvons donc faire qu'une chose: résumer ici les renseignements qui nous sont parvenus, sans toutefois pouvoir assurer leur exactitude d'une manière absolue.

Ainsi que nous l'avons dit, dans la soirée du mardi, tandis que le Comité de salut public et Delescluze s'installaient en permanence à l'Hôtel de Ville, les membres de la Commune se rendaient dans leurs arrondissements respectifs, pour y activer la défense. Les membres du Comité ne tardèrent pas à les imiter, en se portant à leur tour sur les points où l'action exigeait une impulsion énergique. Delescluze quitta l'Hôtel de Ville, au moment où les flammes, allumées par son ordre, commençaient à lécher les murs du monument qu'elles allaient dévorer.

Dans la lutte dont les épisodes et les péripéties furent aussi nombreux que tragiques, plusieurs de ces hommes disparurent, tués sans doute parmi leurs soldats, enterrés ensuite, sans avoir été reconnus. D'autres, après s'être réunis à l'École des chartes, se retrouvèrent à la mairie de Belleville et au Père-Lachaise. Le sort de la plupart d'entre eux est encore ignoré. Il en est d'ailleurs qui étaient des personnages obscurs ; ils purent disparaître, soit par la mort, soit par la fuite, sans qu'aucun bruit se fît autour de leur nom. Nous parlerons seulement de ceux qui, chefs ou complices de l'insurrection à un titre quelconque, tombèrent aux mains des troupes.

Henri Rochefort et son secrétaire Mourot, avaient été arrêtés, on s'en souvient, quarante-huit heures avant l'entrée de l'armée dans Paris. Les hostilités commencées, le premier chef insurgé qui se laissa prendre fut Assy. L'ancien agitateur du Creuzot avait été un des principaux organisateurs du comité Central de la garde nationale, l'auteur le plus direct de l'insurrection du 18 mars. Incarcéré plus tard par la Commune dont il était membre, il avait pu se faire remettre en liberté, reconquérir en partie son influence passée et se faire donner le commandement d'une légion de la garde nationale.

Il fut arrêté dans la nuit du lundi au mardi, aux environs du nouvel Opéra. Il faisait une ronde de nuit,

et se jeta, sans s'en douter, dans les grand'gardes
versaillaises. Un factionnaire, qui l'avait vu venir, sans
le connaître d'ailleurs, et sans croire qu'il fût autre chose
qu'un officier de l'insurrection, le laissa s'approcher.
Puis, tout d'un coup, lorsqu'il le sentit sous sa main, il
croisa la baïonnette, en criant :

— Qui vive !

— Vous auriez dû crier plutôt, et me tenir à distance, répondit sévèrement Assy, croyant avoir affaire à
une sentinelle des fédérés.

Aussitôt, sur un appel du soldat, il fut entouré,
saisi, désarmé ; en même temps, il entendait ces
mots :

— Tous lignards, ici !

Il fut conduit à Versailles, le mardi matin, à pied,
placé à la tête d'un convoi de prisonniers, au milieu
d'une foule qui ne lui ménageait ni les railleries ni les
reproches. Il passa au milieu d'elle, imperturbable,
le regard ferme et non sans dignité. Le même jour,
il était interrogé par un commissaire de police. M. Ernest Picard, encore ministre de l'intérieur, assistait à ce
premier interrogatoire. Assy répondit à peine aux questions du commissaire ; il se montra très-arrogant envers le ministre, qu'il interpella violemment en ces
termes :

— Osez donc me fusiller ; fusillez-moi ! Si nous en
sommes là, c'est votre faute, à vous, monsieur Picard,
et à vos amis ; car vous nous avez trompés. Si vous
n'étiez pas au pouvoir, vous seriez peut-être arrêté
comme mon complice ; et en tous cas, vous auriez sol-
licité l'honneur de me défendre.

Dans les interrogatoires suivants auxquels M. Picard n'assistait pas, Assy garda la même attitude, réclamant surtout avec insistance une médaille qui avait été saisie sur lui, lors de son arrestation. Cette médaille, à laquelle il paraissait beaucoup tenir, était pendue au bout d'un ruban de soie rouge à liseré orange, et portait sur une face des signes maçonniques, avec la devise : *Liberté, Égalité, Fraternité*; sur l'autre, ces mots : *Comité central de la garde nationale.* 1871.

Quelques jours plus tard, on lui apprit qu'il serait jugé, non pour crime ou délit politique, mais comme associé à une bande de malfaiteurs. Il devint très-pâle, et dès ce jour son attitude se modifia.

Le général Dombrowski eut une fin tragique.

Au moment du péril, il avait été chargé de la défense de Montmartre, par ces mêmes hommes qui, la veille, oubliant le dévouement et le courage qu'il déployait depuis deux mois au service de leur cause, se préparaient à l'incarcérer. Tandis que Cluseret gardait les buttes du côté de Clichy, Dombrowski s'était avancé au-devant des troupes, dans la direction de la gare du Nord. Obligé de reculer, il se plaça, avec les hommes qu'il commandait, derrière une barricade, située sur le boulevard d'Ornano, au coin de la rue Myrrha. Mais l'attaque furieuse des Versaillais épouvanta les défenseurs de la position, qui, malgré les appels désespérés de leur général, s'enfuirent dans toutes les directions, le laissant seul avec un petit nombre d'aides de camp. Dombrowski s'élança sur le sommet de la barricade, sans doute avec l'intention de s'y faire tuer. Il fut atteint aussitôt et tomba. Ses officiers se précipitèrent et purent l'emporter, avant que les assaillants eussent eu le temps de franchir cet énorme amas de pavés et de meubles.

Il n'était que blessé. Il fut transporté d'abord à la mairie du 11e arrondissement, puis à l'hôpital de Lariboisière. C'est de là, s'il faut en croire une version peu connue, qu'il écrivit au général allemand von Fabrice, à Saint-Denis, et, lui rappelant les efforts qu'à sa demande, il avait tentés pour faire rendre la liberté à l'archevêque de Paris, il sollicitait l'autorisation de fuir sur la Belgique, par les lignes prussiennes. L'autorisation fut refusée. Elle eût été d'ailleurs inutile. La blessure de Dombrowski était mortelle, et le faisait horriblement souffrir. Il expira le mardi soir.

Dans la nuit, son chef d'état-major vint chercher le corps, le transporta dans un fiacre à l'Hôtel de Ville, où on le déposa dans un petit salon des anciens appartements du préfet de la Seine. Il y resta jusqu'à minuit. Un dessinateur, Pilottell, fusillé depuis, comme complice de la Commune, fit son portrait, au crayon.

A minuit, le brigadier Cheron, du 254e bataillon de la garde nationale, vint, avec des ambulanciers, prendre les restes du général, qu'on emporta au Père-Lachaise. L'inhumation eut lieu le lendemain. Un journal, le *Tricolore*, en a retracé le tableau, avec une mise en scène saisissante :

« Le cadavre était exposé sur un brancard incliné ; il était revêtu de la capote polonaise; les jambes étaient enveloppées d'un linge. Un cercueil en chêne était préparé ; on prit les couvertures de deux gardes nationaux présents, on les mit au fond du cercueil, et on

déposa le cadavre enveloppé dans un drapeau rouge.
Puis le commandant Brunereau fit entrer les artilleurs,
les marins, les cavaliers et tous ceux qui étaient de
garde au cimetière ; chacun déposa, en pleurant, un
baiser sur le front du cadavre, puis la bière fut vissée.
On la porta à bras jusqu'à un caveau vide, où on la
déposa, après que le frère de Dombrowski eût écrit
quelques mots au crayon sur le couvercle.

« Le citoyen Vermorel, membre de la Commune,
prit la parole et s'exprima avec une rage concentrée,
non pas contre l'armée régulière, mais contre cette
horde d'ivrognes et de lâches, qui, la veille encore,
accusaient leur chef de trahison, et qui le laissèrent
seul sur la barricade de la rue Myrrha, où il trouva la
mort. Il rappela quelques détails biographiques sur la
vie de celui qui, quoique étranger, avait embrassé si
chaleureusement la cause de la Commune.

« Ce discours est une confession mortuaire, un
examen de conscience de Vermorel ; il accuse la
Commune, ses défenseurs et lui-même pour ne laisser
intacte qu'une seule mémoire.

« Ce réquisitoire serait un pendant à la fameuse lettre de Rossel, et servirait à l'édification des historiens,
s'il avait pu être conservé. La scène était grandiose : le
canon grondait, le pétillement de la fusillade éclatait
aux environs ; tous les assistants étaient sous une im-
pression indescriptible : le découragement était sur tous
les visages ; aucun ne se faisait plus d'illusions sur
l'issue de la lutte. »

Ainsi périt l'un des personnages les plus populaires
de l'insurrection. Son passé est demeuré enveloppé de

8.

mystère, et au moment même où il expirait, on arrêtait, en Suisse, une bande de faux-monnayeurs qui avouaient avoir pour chef un certain Jaroslaw Dombrowski. Sans chercher les liens qui pouvaient unir ce dernier au général de la Commune, et à n'examiner que son passage au travers des événements, on doit reconnaître qu'il déploya souvent de l'habileté, toujours beaucoup de courage, et en divers circonstances, de l'humanité. C'est lui qui fit mettre en liberté la sœur de l'archevêque de Paris, arrêtée en même temps que son frère.

Le procureur de la Commune, Raoul Rigault, l'homme le plus cruel, le plus sanguinaire de l'insurrection, l'assassin de M. Gustave Chaudey, le Lucullus qui, tandis que les gardes nationaux versaient leur sang aux remparts, mangeait à l'ordinaire, aux Frères-Provenceaux, et dépensait, aux frais de la Commune, bien entendu, soixante et dix francs par repas, fut tué dans l'après-midi du mercredi.

Quoiqu'il fût censé habiter la préfecture de police, il couchait le plus souvent au domicile d'une comédienne obscure, dans un hôtel de la rue Gay-Lussac. C'est au moment où il y arrivait et où il attendait, après avoir sonné, qu'on vînt lui ouvrir la porte, tenue fermée, à cause des combats engagés dans le voisinage, qu'il fut aperçu par un détachement d'infanterie qui déboucha de la rue des Feuillantines. Le costume de chef d'escadron d'état-major que portait Raoul Rigault, le désigna aux coups des soldats. Ils firent feu, mais sans l'atteindre, la porte de l'hôtel s'étant ouverte assez tôt pour qu'il pût trouver un refuge chez sa maîtresse. Les soldats se précipitèrent dans la maison, qu'ils fouillèrent du haut en bas. Raoul Rigault fut bientôt découvert, se nomma et se laissa emmener. On le conduisit au Luxembourg. Mais, dans la rue Royer-Collard, il se mit soudain à crier : « Vive la Commune ! à bas les assassins ! » et fit mine de vouloir fuir. Les soldats le saisirent, le poussèrent contre un mur et le fusillèrent.

De tous les membres de la Commune, Raoul Rigault était celui que les événements du dimanche soir avaient le plus surpris et exaspéré. Il ne voulait d'abord pas croire à l'entrée des Versaillais ; et lorsqu'il dut se convaincre de la vérité, il s'écria que l'abandon du Point-du-Jour par les gardes nationaux, était un piège tendu par Delescluze aux assiégeants. Fruit sec de l'École de droit, n'ayant d'autre notoriété, avant le 18 mars, que celle qu'il avait acquise dans les cabarets et les bals du quartier Latin, Raoul Rigault ne possédait ni noblesse d'âme, ni générosité, ni même de l'esprit. Il fut sot jusque dans sa cruauté, et, procureur de la Commune, ne parut se préoccuper que de deux choses : fusiller le plus possible et bien vivre.

Delescluze était un homme tout différent. Les uns l'ont appelé un sinistre farceur, les autres un jacobin convaincu. On peut affirmer qu'il y eut une sorte de fanatisme dans sa conduite, et qu'il sut mourir, lorsque l'heure en fut venue. On n'a qu'un détail sur sa mort, bien réelle, quoi qu'on ait dit depuis, c'est qu'il fut tué le jeudi, en concourant à la défense de la barricade du Château-d'Eau. C'est là que son corps fut ramassé, souillé de boue, norci au cou par une affreuse brûlure, qu'avait causée la chute d'une poutre en feu, détachée d'une maison contiguë à la barricade.

« Il était vêtu, dit le *Moniteur universel*, d'un pantalon gris, d'un pardessus de nuance foncée, d'un gilet noir, d'une chemise très-fine, et chaussé de bottes vernies. Son chapeau noir, de haute forme, gisait à côté de lui, ainsi qu'une canne contenant une forte et large lame de poignard. Un détail assez bizarre : sa poitrine était, sous son linge, protégée par une peau de lapin. La personne chargée de le fouiller et de laquelle nous tenons ces détails, a trouvé sur lui une montre d'argent, arrêtée à 10 heures 17 minutes, des gants de peau noirs, un mouchoir ensanglanté, marqué des initiales C. D. (Charles Delescluze) et des pièces, au nombre de quinze, ne laissant aucun doute sur l'identité du cadavre. Ces pièces se composent d'un laisser-passer délivré au nom du citoyen Delescluze, de lettres des généraux La Cécilia et Dombrowski, et de divers ordres signés de lui, relatifs à l'artillerie, aux distributions de pétrole, aux édifices et quartiers destinés à être incendiés. »

Le *Figaro* a publié trois lettres très-curieuses, reçues par Delescluze, pendant qu'il était délégué à la guerre, et qui, d'après ce journal, figurent parmi les pièces dont il vient d'être parlé. Nous reproduisons textuellement ces trois lettres :

« Paris, 16 mai 1871.
« (Mardi, 7 h. du soir.)

« Citoyen Delescluze, une citoyenne qui vous est toute dévouée, a une communication des plus sérieuses à vous faire ; seulement, comme elle ne veut la faire qu'à vous seul, elle vous prie de garder le secret le plus absolu sur la réception de ces quelques lignes, et vous prie instamment de vous trouver demain mercredi 17, rue Neuve-des-Petits-Champs, au numéro 48, sous la porte d'entrée des bains Ventadour. Vous aurez l'air de flâner, et on ne fera pas attention à vous ; trouvez-vous là à quatre heures ; peut-être attendrez-vous cinq ou six minutes au plus. Une voiture s'arrêtera devant vous, et vous monterez.

« Soyez sans aucune crainte ; la personne qui a à vous parler sera seule. Ayez une fleur quelconque à votre boutonnière du côté gauche, pour que le cocher puisse vous apercevoir de suite.

« Surtout, de la discrétion. Pas un mot de ceci à votre entourage.

« A vous de tout cœur.

« Jeanne LACASSIÈRE. »

« *P. S.* Brûlez ceci. »

« Monsieur Delescluze,

« Une vaste conspiration s'organise contre vous parmi vos collègues et même ceux que vous croyez vos amis. Si le fer ne peut agir, on emploiera le poison. Méfiez-vous surtout de Vermorel.

« UNE AMIE DÉVOUÉE. »

MINISTÈRE DE LA GUERRE. « Paris, 21 mai 1871.
Cabinet du ministre.

« Citoyen Delescluze,

« Envoyez immédiatement des artilleurs, des voi-
tures, des attelages pour le transport des munitions.
Les remparts ne sont plus tenables, s'il n'y a pas d'artilleurs, j'ai beau, avec la garde nationale et les francs-
tireurs qui ont fourni des volontaires, faire le service de
l'artillerie ; je ne peux pas aller plus longtemps.

« *Le colonel*,

« Lisbonne. »

Il convient de dire en passant que ce colonel Lisbonne était l'ancien employé d'une administration, de
laquelle il avait été chassé pour détournement de fonds.
La plupart des hommes de la Commune sont de cette
force. Lisbonne fut arrêté le samedi 27 mai et conduit
à Versailles.

La sœur de Delescluze, vieille fille dont les idées
politiques étaient, dit-on, encore plus exagérées que
celles de son frère, fut arrêté le même jour. On trouva
dans son domicile tous les papiers du délégué, parmi
lesquels se trouvaient des pièces pleines de révélations
utiles à l'histoire de ces tristes jours.

Jourde et Varlin, délégués aux finances, eurent leur
tour. Conduit à Montmartre, dans la rue des Rosiers,
par une foule irritée, Varlin, à ce qu'on assure, y fut

fusillé. Jourde, arrêté seulement quand l'exaltation du combat commençait à s'apaiser, eut la vie sauve. On l'envoya à Versailles.

Régère, l'*alter ego* de Raoul Rigault, son successeur à la préfecture de police, fut tué dans le combat. On l'apprit par sa femme, qui vint réclamer son corps.

Millière, qui, quoique ne faisant pas partie de la Commune, s'était assez étroitement lié à elle pour accepter, dans le quartier du Panthéon, le commandement des incendiaires, fut arrêté chez son beau-père, rue d'Ulm, sur la dénonciation faite par une femme, dans un café, à un soldat. Trouvé dans une armoire où il s'était blotti, l'ancien député de Paris à l'Assemblée nationale tira six coups de revolver sur les soldats, dont l'un fut atteint. Les autres l'entraînèrent au Panthéon, où, quelques jours avant, il avait fait mettre à mort trente réfractaires, et le fusillèrent. Sa femme était depuis la veille sous les verrous.

Le docteur Tony-Moilin, qui avait tyrannisé, terrorisé, durant sa dictature éphémère, le quartier Saint-Sulpice, fut reconnu près du Luxembourg, traduit sur-le-champ, en cour martiale, et condamné à mort. Avant d'être exécuté, il fut, sur sa demande, et grâce à M. Hérisson, maire du 6e arrondissement, marié *in extremis* à une personne de laquelle il avait un enfant.

S'il faut en croire divers récits, Vallès, le docteur Parisel, Napias-Piquet, Andrieux, Babick, Cluseret, Lefrançais, Bousquet, Viard, furent également fusillés au cours de la lutte ou à sa fin. Mais rien de positif n'a encore été dit. En ce qui touche Vallès, notamment, plusieurs personnes ont affirmé que l'individu passé par les armes, sous son nom, ne lui ressemblait même pas.

Mathieu, autre membre de la Commune, fut mis à mort, le 24 mai, sur le Pont-Neuf, contre le socle de la statue d'Henri IV, non par les soldats de Versailles, mais par les gardes nationaux, qui l'accusaient de les trahir.

Un sieur Brunet, officier fédéré, qu'on prit un moment pour le chef d'état-major Brunel, aide de camp de Bergeret, fut tué au fond d'un cabinet de toilette, dans l'appartement alors inoccupé de M. Gustave Fould, qui lui avait été ouvert par une femme de chambre, sa maîtresse. On exécuta également le commandant Painchaud, chef du bataillon des éclaireurs Bergeret, qui, durant son séjour au Palais-Bourbon, avait pillé et dévalisé, de fond en comble, le logement d'un employé supérieur de l'Assemblée nationale, dans lequel il s'était installé.

Gaillard père, l'organisateur des barricades et des compagnies de pétroleuses, mourut de ses blessures au camp de Satory. Durassier, le commandant de la flottille fédérée, finit de la même manière à l'ambulance du palais de l'Industrie.

Le peintre Gustave Courbet, qu'on avait cru mort ; Vermorel, blessé grièvement ; le grotesque Paschal Grousset, délégué de la Commune aux relations extérieures ; le colonel Rossel, ont été successivement arrêtés après la bataille. Rossel habitait un bouge dans le faubourg Saint-Jacques. Il y a été découvert par M. Claude, chef de la sûreté. Il s'était blanchi les cheveux avec de la poudre de riz et refusa longtemps d'avouer son nom. Quant à Paschal Grousset, il a été reconnu, sous un costume de femme, par M. Duret, commissaire de police. Tous ces personnages ont été envoyés à Versailles.

Le général Bergeret, qui conduisait les troupes de la Commune, lors de leur marche sur Versailles, Félix Pyat, ont réussi jusqu'à ce jour à se soustraire aux poursuites. On pense que ce dernier est parvenu à quitter Paris. Sa fuite n'a surpris personne. Nous avions tous prédit qu'il disparaîtrait au bon moment.

On n'est pas fixé sur le sort de Theiz, délégué aux postes. On sait seulement que c'est lui qui a sauvé l'hôtel des Postes de l'incendie, en refusant de laisser exécuter les ordres de la Commune. Beslay, qui était délégué à la Banque, et dont les efforts, l'intervention et l'honnêteté ont préservé pendant deux mois la Banque de France contre les convoitises des insurgés, semble ne devoir pas être inquiété. On assure qu'il n'a pris aucune part aux crimes de ses collègues.

Toute la clique de journalistes obscurs, de plumitifs sans talent, qui célébrait les louanges de la Commune, Maroteau, Vermesch, auteur du *Père Duchêne*, Casimir Bouis, — le reste ne vaut pas l'honneur d'être nommé, — est à Versailles.

Nous n'avons pas signalé, tant s'en faut, tous les membres ni tous les complices actifs de la Commune. Mais, nous le disions plus haut, il en est un grand nombre dont le sort n'est pas connu. Ce n'est que peu à peu qu'on parviendra à le connaître, à établir une liste complète des coupables, en nommant ceux qui ont

9

disparu, par la fuite ou dans la lutte, et ceux qui ont été reconnus, arrêtés ou fusillés.

Voici, d'ailleurs, un récit emprunté aux journaux qui complétera, autant que cela peut être fait, les détails groupés ci-dessus :

Alors que l'on se battait encore à Belleville, dimanche matin, Gambon, Géresme, les deux Ferré, Lacord et d'autres membres de la Commune, s'étaient retirés à la mairie du vingtième arrondissement, escortés par une garde d'honneur composée d'une quarantaine de gardes nationaux et de quinze enfants de quatorze à seize ans, impuissants à porter leur fusil, qu'ils étaient allés prendre la veille aux Enfants-Trouvés, dans la rue d'Enfer, et auxquels ils avaient mis un képi à liseré jaune, donné un fusil et des balles, en leur disant : « Vous tirerez sur qui nous vous dirons, et quand nous vous le dirons. » Ils portaient avec eux le dernier drapeau rouge qui flottât encore dans Paris. Gambon, que l'on disait avoir été fusillé le jeudi, était le seul qui eût les insignes de la Commune à sa boutonnière ; il avait même placé sur le ruban frangé d'or une tête de Liberté, encadrée dans le triangle maçonnique, en argent, sur les trois côtés duquel étaient ces mots : *Liberté, Égalité, Fraternité.* — Commune de Paris.

A onze heures, on vint les prévenir que les derniers partisans de leur horrible cause étaient vaincus sur tous les points, et que les troupes régulières s'avançaient pour occuper la mairie du vingtième arrondissement. Ils n'eurent que le temps de se sauver, emportant leur drapeau ; ils descendirent vers le boulevard extérieur, qu'ils traversèrent, et ne s'arrêtèrent qu'à la rue Fontaine-au-Roi, au numéro 32, faisant le coin de la rue Parmentier, dans un restaurant où ils se firent servir un frugal déjeuner, le brouet spartiate. Les enfants trouvés restèrent à la porte, les gardes furent envoyés en éclaireurs ; un clairon devait donner le signal si « l'ennemi » approchait.

Tout en mangeant, les membres de la Commune délibéraient ; tous étaient pour la résistance. Gambon seul parlait de se rendre. A deux heures et demie, ils descendirent dans la rue. La majorité s'étant prononcée pour la résistance, les membres de la Commune, aidés des enfants trouvés, de quelques mégères et communards du quartier, se mirent à l'œuvre, et un semblant de barricade commença à s'élever.

Au bout de quelques instants, le clairon se fit entendre ; on se mit à la recherche des gardes, ils avaient tous cru prudent de se cacher. C'est alors que Gambon monta sur la barricade.

« J'ai passé trente années de ma vie, dit-il, à me sacrifier pour la République et la liberté ; j'ai tout donné au peuple, et le peuple aujourd'hui m'abandonne ; j'ai fait le sacrifice de ma vie pour des lâches qui fuient le danger lorsqu'il se présente en face. Je jure bien que si j'en réchappe, je ne donnerai plus un instant de ma vie, une de mes pensées à ces hommes. Citoyens, la grande cause est encore une fois perdue ; la Commune est tuée par ceux qui avaient juré de la faire triompher ou de mourir, et qui n'ont pas su la défendre. »

Ses compagnons lui arrachèrent alors ses insignes de membre de la Commune et lui enlevèrent le képi qu'il portait, afin qu'on ne le reconnût pas. Le clairon envoya un nouveau signal ; le drapeau rouge fut placé sur la barricade à peine ébauchée, les armes furent jetées à terre, et tous s'enfuirent.

Ainsi finit la Commune, dispersée, écrasée, noyée dans le sang répandu par sa faute et sa volonté, morte au milieu de circonstances tragiques sans précédent dans l'histoire des nations civilisées. Nous avions, au début de ce récit, pris l'engagement de raconter sa chute, sans exagération, sans parti pris ; nous croyons avoir tenu cet engagement. On nous permettra, en terminant ce lamentable récit, une courte réflexion.

L'émeute est vaincue. La vaillance de l'armée en a eu raison : c'est bien. Mais ce serait une illusion de croire qu'il ne nous reste plus qu'à réparer nos ruines matérielles, qu'à nous remettre à nos affaires, à nos plaisirs, et à oublier. Il faut, au contraire, se souvenir, car cette insurrection a prouvé la puissance d'une idée révolutionnaire, jetée à propos dans des masses corrompues ou égarées, et l'existence d'une conspiration formidable formée en bas, pour écraser tout ce qui est noble, respectable, grand : nos familles, nos fortunes, nos traditions !

Cette conspiration, œuvre de l'ignorance compliquée de la misère, nous devons l'endiguer, en instruisant le peuple, en lui donnant de bons exemples, en dissipant les malentendus, en montrant aux ouvriers où est leur intérêt vrai, en leur parlant de leurs droits, mais surtout de leurs devoirs.

La facilité d'une partie de la population de Paris à s'associer à l'insurrection, a bien des causes dont quelques-unes sont étroitement liées à l'histoire du siége de Paris ; mais, la plus puissante, la plus directe de toutes, est dans le travail souterrain qu'a fait, depuis dix ans, l'*Association Internationale des travailleurs.*

Sans entrer dans des détails qui ne seraient pas à leur place ici, nous osons dire hardiment : Voilà l'ennemi. C'est ce mouvement dont nous devons prendre la tête, en nous mettant tous à la besogne, en étudiant les questions qu'il soulève, en en cherchant la solution. Il doit être le grand souci des gouvernements et des sujets, par toute l'Europe ; un souci plus grand que celui de savoir à quelle forme de gouvernement il convient de se rallier, ni quelles frontières doivent appartenir à chaque pays, car si ce mouvement n'est contenu et dirigé par nous, il pulvérisera la société moderne et la civilisation. Ce n'est pas seulement la tranquillité de la France et de l'Europe qui est en jeu, c'est celle de l'humanité tout entière. Moraliser ou être écrasé sûrement un jour, l'alternative n'est pas moindre. Elle vaut qu'on la regarde en face, et qu'on choisisse.

Un dernier mot encore.

L'insurrection du 18 mars fut un grand crime; son agonie, un crime plus grand encore. Ses convulsions eurent un caractère sauvage, barbare. Rien ne fut respecté, ni Dieu, ni la Société, ni la religion, ni la famille, ni la propriété. La violation de toutes les lois divines et humaines, de tous les droits, de tous les devoirs, fut accomplie avec fanatisme, par des furieux exaspérés jusqu'à la rage la plus folle.

Qu'étaient donc les auteurs de ces sombres satur-

nales, qui ne reculaient ni devant le vol, ni devant
l'assassinat, ni devant l'incendie? Quel avocat de leur
cause oserait prétendre qu'ils furent les héros malheureux d'une grande idée politique? Qui voudrait affirmer
qu'ils représentaient autre chose que le parti de la révolte
et de la dévastation? Qui même voudrait insinuer que
la passion politique peut exercer de semblables forfaits?

Une thèse telle ne se soutient pas. La pitié n'est pas
faite pour des criminels de cette taille. On ne peut l'in-
voquer qu'en faveur des misérables que leurs doctrines
corruptrices égarèrent, dont, par l'appât de je ne
sais quelles jouissances à peine entrevues, et jamais
définies, par la démonstration plus ou moins éloquente
de théories faites pour entraîner non l'âme, mais les
sens, pour exciter, non les passions nobles, mais les
passions les plus basses, ils firent les instruments de
leur envie, de leur cupidité, de leur ambition. Oui,
pitié pour ces êtres à l'intelligence bornée, auxquels on
n'a rien appris de bon, qui dans une ville telle que
Paris, avaient sans cesse sous les yeux, pour déve-
lopper des appétits de brutes, un amas effroyable de
vices mis en relief par les splendeurs du luxe, l'or, le
velours et la soie ; qui pouvaient comparer sans cesse le
bien-être, les satisfactions que procurent l'argent, à
leur misère abjecte et sans dignité. Pour ceux-là, miséricorde! Ils forment le stock de l'ignorance. Ils ont
droit à la clémence! La société se doit à elle-même
moins de les châtier que de les relever à leurs propres
yeux, en donnant à leurs enfants, par la morale et l'instruction, le moyen d'être autrement qu'ils ne furent
eux-mêmes.

Mais, pour ceux qui avaient reçu les dons de force intel-
lectuelle et d'esprit ; pour ceux à qui l'instruction fut
donnée ; pour ceux qui ne péchèrent point par ignorance,
mais par calcul ; pour ceux qui furent les vrais, les seuls
auteurs de l'émeute, pour les sectaires de l'*Internationale*, pour ces rêveurs funestes dont les utopies n'ont
même pas l'excuse de la conviction, l'intérêt du présent
réclame et l'intérêt de l'avenir plus encore, une répres-
sion inexorable. Rien ne plaide en leur faveur. Hommes
tarés pour la plupart, ils furent, avant leur dictature, des
envieux, des incapables, des sots ; au pouvoir, des
bourreaux, des fauteurs de banditisme, des *jouisseurs*
effrénés, ayant plus de souci de leur estomac et de leur
bourse, que des intérêts du malheureux peuple déchaîné
par eux. Aucun pays de l'Europe n'a voulu leur donner
asile, ni protéger leur fuite. Tous les gouvernements
ont promis de les livrer ; tous demeurent reconnaissants
envers la France, qui, au prix de sanglants sacrifices,
a sauvé la civilisation, en étouffant ces grands scélérats
dans le brasier qu'ils avaient allumé. L'histoire ne leur
sera pas moins impitoyable, même à ceux d'entre eux
qui moururent sur la barricade, le fusil à la main ; car
ils n'eurent pas la mâle vaillance du lion, mais la férocité
désespérée du tigre. Ils se sentaient vaincus, étreints
de toutes parts, perdus. Ils ne voulurent pas survivre
à leur défaite, ni attendre leur châtiment.

Ils ne sont plus. Ni leurs succès d'un jour, ni la honte
de leur chute, ne sauraient atteindre aucun parti, car
aucun parti n'est responsable de leurs crimes, celui de
la république pas plus que celui de la monarchie. Il
convient de le dire, afin que le Gouvernement que la

France possède aujourd'hui — cette République de fait
à laquelle les bons citoyens doivent se rallier, au moins
par raison, — n'ait pas à en supporter le poids et à y
succomber.

L'insurrection s'est dressée devant nous comme un
mauvais rêve. C'est l'armée de la République française
qui l'a vaincue, qui a conquis sur elle quatre cent mille
fusils, deux mille bouches à feu, six forts, des remparts
formidables, trois cents barricades. Ce sont les soldats
de la République française qui ont versé leur sang
pour l'unité de la France, pour sa grandeur, pour son
repos. C'est du Président de cette République, du
commandant en chef de cette armée, de ces généraux
habiles, de ces soldats héroïques, tous rangés sous le
drapeau tricolore, que l'Assemblé Nationale a dit qu'ils
avaient bien mérité de la patrie. La postérité ajoutera
que, dans la dernière semaine de mai 1871, la République
a sauvé la France.

FIN.

Paris, impr. Paul Dupont, rue J.-J.-Rousseau, 41. — (1416.6.1.)